MARTIAL ARTS AND LEISURE
GAMES — SPORTS CULTURAL
RELICS FROM THE HAN, THE
THREE KINGDOMS PERIOD AND
THE JIN

武·戏

——汉晋三国体育文物展

成都武侯祠博物馆 编

文物出版社

图书在版编目（CIP）数据

武·戏：汉晋三国体育文物展 / 成都武侯祠博物馆
编. — 北京：文物出版社，2021.12
ISBN 978-7-5010-7276-7

Ⅰ．①武… Ⅱ．①成… Ⅲ．①古代体育－文物－中国
－汉代-晋代－图录 Ⅳ．①G812.93②K875.9

中国版本图书馆CIP数据核字(2021)第228658号

武·戏——汉晋三国体育文物展

编　　者：成都武侯祠博物馆

责任编辑：乔汉英

责任印制：苏　林

装帧设计：雅昌设计中心·北京

出版发行：文物出版社

地　　址：北京市东城区东直门内北小街2号楼

邮　　编：100007

网　　址：www.wenwu.com

印　　刷：北京雅昌艺术印刷有限公司

经　　销：新华书店

开　　本：889mm×1194mm　1/16

印　　张：11

版　　次：2021年12月第1版

印　　次：2021年12月第1次印刷

书　　号：ISBN 978-7-5010-7276-7

定　　价：380.00元

编辑委员会

主编	谢辉
执行主编	卫永锋　梅铮铮
编委	李加锋　胡斌　卫永锋　马萍　梅铮铮
	李润华　郝勤　宋秀平　尹恒　樊博琛　童思思
副主编	尹恒　樊博琛
总撰稿	尹恒
撰稿	樊博琛（第一单元）　童思思（第二单元）
英文翻译	王旭晨
统稿	樊博琛
审稿	梅铮铮　尹恒

主办单位

河南博物院
四川博物院
南京市博物总馆
成都体育学院博物馆
成都武侯祠博物馆

展览工作组

总策划	谢辉
展览统筹	卫永锋　梅铮铮
策展人	尹恒
内容设计	樊博琛　罗倩倩
形式设计	李娇　童思思　王旭晨　李思檬
宣传推广	谢佳倩　郭的非　乘睿　杜建宏　吴云霞　张洁
摄影	李玲　张祎　李鑫志
语音讲解	谭丽娜
灯光调试	樊博琛
协调保障	王晓乔
安全保卫	胡德华

WORDS FROM THE CURATOR

Be it bending bows to shoot eagles, or brandishing knives and swords, martial arts can take different forms. So do leisure games. You may play the game of Go or cast arrows into a pot. From the establishment of the Western Han Dynasty by Liu Bang in 202 BC to the demise of the Eastern Jin Dynasty in 420 AD, the Han Dynasty, the Three Kingdoms and the Jin Dynasty took turns to run their course in history, during which sports were fully inherited and carried forward and became diversified, democratized and standardized. Sports at that time developed into two distinct branches: martial arts and leisure games. From graceful dance at imperial banquets to fierce fighting on battlefields, sports were redefined. The real history lends cultural relics a new sense of dynamics and makes them real, tangible, complete and three-dimensional, giving visitors a flavor of people's life in that era, revealing how imaginative our ancestors were. Henan, Jiangsu and Sichuan were all once the core political, economic and cultural regions during the Han Dynasty to the Jin Dynasty. Although far apart in distance, similar cultural heritage serves as a common thread connecting the three regions. Through those cultural relics, we can communicate with our ancestors, and be impressed by their superb skills and marvelous moves displayed thousands of years ago.

In 2019, on the occasion of Chengdu holding the 18th World Police and Firefighters Games, in order to put into action the important instruction on sports given by General Secretary Xi Jinping and in response to the initiative to build Chengdu into a world-famous city of sports events, Chengdu Wuhou Shrine Museum, in collaboration with Henan Museum, Sichuan Museum, Nanjing Museum Administration and Chengdu Sport University Museum, launched the exhibition of "Martial Arts and Leisure Games—Sports Cultural Relics from the Han, the Three Kingdoms Period and the Jin" after more than half a year of preparation. This event is Episode III of the "Tangible Culture Exhibition of the Han, the Three Kingdoms Period and the Jin dynasty". The event fully displayed the sports activities in that period and showed us our ancestors' pursuit for a colorful material life and spiritual life. It is hoped that visitors can better understand ancient sports and explore the long history of sports in China through the exhibition, so as to further enhance people's confidence in the nation's rich culture and carry forward traditional sportsmanship.

馆长致辞

　　弯弓射雕，舞刀执剑，是为武之律；投壶对弈，修身养性，是为戏之韵。自公元前202年刘邦建立西汉至公元420年东晋灭亡，汉晋三国数百年历史演进，朝代更替，体育活动得到了充分的继承和发展，出现了多元化、普及化和定型化的特征，呈现出文武分途的特点。从朝堂宴会上曼妙的舞姿，到战场上金属与肉体的碰撞，体育被重新定义，文物也被赋予新的内涵，完整而立体，如同复活了一个时代的生命气息，记录着一个时代想象力的维度和气度。河南、江苏、四川，三个汉晋三国时期核心政治经济文化圈的地区在一起汇聚交融，地理空间相距遥遥的文化，却具有灵犀感应。通过一件件文物和千年之前的古人达成心灵呼应，将千年前古人矫若惊龙的身姿完美展示在后人面前，这正是古代体育文化的魅力所在。

　　2019年恰逢成都市举办"第十八届世界警察和消防员运动会"，为深入贯彻习近平总书记关于体育的重要论述，响应成都市打造世界赛事名城发展方向的指示，我馆联合河南博物院、四川博物院、南京市博物总馆、成都体育学院博物馆等文博单位，经过半年多的筹备，推出"武·戏——汉晋三国体育文物展"。本次"武·戏——汉晋三国体育文物展"为我馆"三国撷英——汉晋三国物质文化系列展"之三。展览全面展现了汉晋三国时期的体育活动，还原了当时丰富多彩的物质追求和精神生活，希望广大观众通过展览在深入了解古代体育的同时，探索中华体育源远流长的历史，进一步增强中华民族文化自信，传播中华优秀传统体育文化精神。

FOREWORD

The time period from the Han Dynasty to the Jin Dynasty was marked with chaos and strife, and consequently military skills and martial arts made tremendous progress. Many great archers and horsemen made their mark and a large number of brilliant leisure games were devised. Our ancestors from thousands of years ago thoroughly enjoyed their sports life, galloping along vast fields, or appreciating beautiful music and dance. Sports cultural relics are dynamic works of art, which vividly record both martial arts and leisure games, movement and quietness. The melodies from two millennia ago can no longer be heard, but luckily those dancers' graceful moves have been captured, from which we can feel the longing for passion and the worship of strength and wisdom.

These exhibits allow us to imagine the killing in battles, the thrill of hunting, the music at banquets and the joy from playing the game of Go and experience the excitement and pleasure brought by martial arts and leisure games. Look at the cold light shimmered on the halberd used in fierce battles. Imagine the sound of whizzing arrows and galloping horses. We are brought back to an ancient battlefield. Check this sharp arrow. The archer aimed the prey and he bent his bow. Suddenly, a bird fell from the sky. What superb marksmanship! In the blink of an eye, we are at a banquet hall and amazed by those acrobats, musicians, and performers. A board that was used to play the game of Go can easily paint us a picture of ancient people competing over this game of wisdom. Those black and white Go pieces once witnessed many times how one player went out of his way to outsmart the other.

What an intoxicating era! After thousands of years, when all the bustling scenes are epitomized by funerary objects, there is no shadow of the underworld. They may not represent the highest artistry at that time, but they displayed the afterlife that the tomb owner yearned for, which made them the perfect combination of craftsmanship and imagination. Today, when we look at them through panes of museum glass and through the mist of history, it seems that we could see those vivid figures and hear the whisper from that era...

We see you and through you, we see ourselves.

　　汉晋三国，一个变乱纷呈的时代，军事武艺、兵器射御得到长足发展，射石饮羽、善马熟人之才辈出，休闲游艺亦精彩纷呈。或纵马驰骋在无尽田野间，或沉醉于旋律和舞姿间，千年之前的古人在体育活动中恣意地享受生活的无限意趣。体育文物是动态的艺术品，将武与戏、动与静完美融合在一起。两千年前的乐早已止息，但它还保留着飞舞的身影，这是对激情的渴望，对力量和智慧的崇拜。

　　征战的厮杀、射猎的狂热、欢宴的音乐、激烈的博弈相互回荡在一起，武的激荡，戏的轻快。泛着冷光的长戟，攻城略地的战斗，耳边呼啸而过的箭镞，疾驰战马的嘶鸣，这是一场金属与肉体的碰撞。锋利的短矢，顺着射手的眼睛，呼啸着撕破空气，刺入猎物的身体，随着飞禽的坠落，这是技艺的比拼。一念之间，到了宴厅，跳丸叠案，盘鼓俳优，戏车高橦，觥筹交错之间是音乐的律动。棋盘之上，无声的博弈是智慧的比试，黑白二色的世界中，于你来我往之间，胜负已分。

　　此刻，这是一个令人迷醉的时代，千年之后，当这一个个身影浓缩到陪葬品上时，全无冥界的阴翳，虽然它们不代表着当时最高的手工业水平，却能构建出墓主人所向往的生活方式，这是工匠技艺和想象的完美结合。今天，当我们在博物馆中隔着玻璃凝视着它们时，亘古的长风吹起岁月的烟尘，仿佛依稀能够看到千年前那些自由律动的身影，仿佛听到了穿透历史的袅袅回声……

　　我们看到了你们，也看到了自己。

II. LEISURE GAMES

MARTIAL ARTS

Iron weapons and armored horses are underlying themes in the Han Dynasty, the Three Kingdoms Period and the Jin Dynasty: the Han-Xiongnu wars, the Battle at Chibi (Red Cliffs), the Battle of Fei River, etc. In this age, traditional warfare which combined the chariot with the horse was gradually replaced by combination of the infantry and the horse. The military required more of the individual soldier's constitution, speed, stamina, flexibility and other physical qualities, resulting in systematic drills designed to improve physique and close fighting skills. As weapons training evolved from the collective model to the individual model, horsemanship, close fighting skills and hand-to-hand combat improved. There were also military theory works, e.g. *General Li's Archery*, *Swordplay Art* and *Hand-to-hand Combat*, which facilitated the development of martial arts in the military.

武

长剑断流星

汉匈战争，赤壁之战，淝水之战……金戈铁马的战争是汉晋三国的主旋律之一。这一时期车骑兼用的战争形式逐步为步骑联合的作战形式所取代，军制的变化对士兵的体质、速度、耐力和反应等身体素质提出了更高的要求，因此针对兵士体能、技击技巧的系统训练开始出现，兵械技术训练由集体操练方式转为单兵与单兵对抗的练习方式，提高了『骑射』『技击』『手搏』等军事项目的技术水平，而且出现了诸如《李将军射法》《剑道》《手搏》等军事理论著作，促进了军事武艺的快速发展。

军事体育在这个时期日臻成熟，并逐渐从杀伤敌人发展到娱乐性竞技，且开始向民间普及，成为全国性的体育运动项目。此时的军事体育不仅兼容并蓄、项目丰富，而且具有崇尚武勇、改革创新的性质，在种类、技巧和规模方面都超过了前代，奠定了后世体育运动的发展基础。

鸷羽装银镝，犀胶饰象弧。
近发连双兔，高弯落九乌。
——南北朝·刘孝威《结客少年场行》

射术

"射术"可分为战射和弋射两类。

战射指应用于战争中的射术，汉晋时期不仅涌现出许多善射的英雄人物，如西汉赵充国"善骑射补羽林"，东汉马严"好击剑，习骑射"，汉末董卓"双带两鞬，左右驰射"。这一时期，射具也得到极大发展，三国诸葛亮改进连弩，"一弩发十矢"，是为诸葛连弩。

弋射即狩猎，是当时贵族的重要活动之一。汉晋三国之际，皇室贵族射猎活动频繁，曹操就十分喜爱弋射，《三国志·魏书》载"（曹操）才力绝人，手射飞鸟，躬禽猛兽，尝于南皮一日射雉获六十三头"。弋射活动不仅可以展示个人精湛的射艺，还是社交、娱乐的重要手段。

汉晋三国时期在强兵御疆的体育思想促使下，以竞技娱乐和军事斗争为主要目的的骑射得到了充分发展，形成了尚武之风。

ARCHERY

Archery is used in either war or hunting.

Archery used in war is a military skill. The Han and the Jin Dynasty abounded with heroic excellent archers. Examples include Western Han general Zhao Chongguo who was enlisted as a royal guard for outstanding archery and horsemanship; Eastern Han general Ma yan who excelled in close fighting, horsemanship and archery; and Dong Zhuo, as a warlord near the end of the Han Dynasty, who carried two bows and shot arrows in turns. Archery sets underwent significant technical improvements as well, symbolized by the Zhuge crossbow which, invented by Zhuge Liang (a famous strategist of the Three Kingdoms Period), could shoot ten arrows at a time.

仰射男俑

汉代
长 12.5、宽 11 厘米
河南孟县出土
河南博物院藏

　　灰陶胎。模制。两俑均为站姿，面部向左上方仰视，面目模糊，左臂上举，右臂弯折于胸前，左腿前弓，右腿蹬直，呈仰射状。

红釉骑射俑

汉代

长 28、宽 19.2、高 24.2 厘米

河南灵宝张湾汉墓出土

河南博物院藏

　　红陶，马施红釉，男俑躯体施红釉，俑头及挽臂、下肢无釉。分体模制，男俑与马尾均为活体件。马昂首翘尾，两耳直竖，张口嘶鸣，背上置鞍，骑坐一椎髻挽袖男俑，双臂作张弓欲射之势。

CAVALRYMAN
FIGURINE,
RED-GLAZED EARTHENWARE

The Han Dynasty

白玉韘

汉代

口径 2.3、高 2.4 厘米

四川博物院藏

白色玉质。口呈椭圆形，壁一侧渐长，
形如帽状。韘是射箭时保护手指的护具。

弋 射

　　弋射也称为"缴射"，是古代一种特殊的射猎方式，它虽然使用弓发射，但射出去的不是长箭，而是一种"矰"，即系有绳的短矢。《周礼》马融注曰："矰者，缴系短矢谓之矰。"《史记·留侯世家》注云："矰，一弦，可仰射高者，故云矰也。"弋射的弓箭力量较弱，不适宜射杀陆地猛兽，大多是射飞禽。汉晋时期，作为常见的娱乐和生产活动，弋射之风盛行于世。汉代王褒在《僮约》中描述地主家仆役繁多的劳役项目中，便有"结网捕鱼，缴雁弹凫"。"缴"指生丝绳，"缴雁"就是以带有丝绳的箭射雁。班固在《西都赋》中描述了天子率领百官狩猎的情景，称"尔乃期门佽飞，列刃钻镞，要跌追踪"。"佽飞"是汉代专职负责弋射的官职，原名"左弋"。武帝太初元年（公元前104年），改"左弋"为"佽飞"，掌弋射。

　　西晋左思所作《吴都赋》中描绘了吴地贵族弋射休闲的情况，"棹讴唱，箫籁鸣。洪流响，渚禽惊。弋磻放，稽鹠鸭。""磻"是拴在丝绳上的石镞。弋射难度高，对飞禽发矰需要控制好角度和力量，射中的时候，矰会在连着磻的丝绳作用下缠绕鸟的脖颈使之无法逃脱。

　　弋射活动的流行也促进了相关理论著作的出现，《汉书·艺文志》载有《蒲苴子弋法》四卷。由于弋射时需要固定位置，不便移动，随着骑射的发展，魏晋之后弋射活动日渐式微，不复盛行。

东汉

高 12.7 厘米

四川资阳南市公社八大队二小队东汉崖墓出土

四川博物院藏

红陶。蹲式，右手高举，左手拉弓，作射箭状。

绿釉博山盖陶奁

东汉
腹围 60.5 厘米
河南博物院藏

COSMETIC BOX WITH A
MOUNTAIN-LIKE LID,
GREEN-GLAZED
The Eastern Han Dynasty

　　红陶胎。奁身轮制，盖、耳、足模制。
奁盖为博山盖，子口；奁身直口，平沿，平底，
下附三熊足。奁盖山峦叠嶂，每簇由三峰
组成，山间有奔跑的山兽和骑射的猎人；
奁腹两侧模印对称的铺首衔环，四周有猴、
虎、骑马狩猎等纹饰。

绿釉狩猎纹陶壶

汉代

腹围 80.2 厘米

河南博物院藏

JAR WITH HUNTING
PATTERN, GREEN-GLAZED
EARTHENWARE

The Han Dynasty

红陶胎，通体施绿釉，为铅釉。轮制。直口，短粗颈，鼓腹，小平底。腹部模印有连绵不断的山峰，山间有骑射、斗兽等图像，并有一对对称的铺首衔环。

东汉

长 24、宽 39、高 6.6 厘米

四川德阳柏隆乡十二村出土

四川博物院藏

　　长方形，模制。画面为两执弓箭的射士，左边人物头戴前高后低冠，身着长袍，腰束带，悬佩箭箙，三箭斜插于内，右手执弓，左手搭箭于弦上。右边人物头戴圆顶冠，身着长袍，腰间束带，右手执弓，左手搭箭于弦上。

武库画像砖

东汉

长 41.3、宽 33.5、高 5.6 厘米

四川成都新都区马家乡出土

四川博物院藏

ARSENAL,
BRICK RELIEF
The Eastern Han Dynasty

　　长方形，模制。纹饰为浅浮雕。画面中武库建在台基之上，左边为五脊式房，房顶立一朱雀，房内设置武器架，架上横放二戟和三矛。左边房柱上挂一弓。紧接武库右边有一房屋，室内置三案叠于几上，其前有二人。

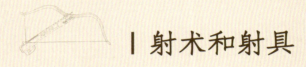

射术和射具

　　汉晋三国时期，弓弩作为远射武器在战场上具有重要地位，其种类繁多，包括"大黄弩""连弩""万钧神弩""元戎弩"等。《汉书·艺文志》载有专门论述弩射法的《强弩将军王围射法》五卷和《望远连弩射法具》十五篇等，说明这一时期关于弩的工艺研究已经达到较高水平。

　　曹丕在《饮马长城窟行》中描述"连弩"称："长戟十万队，幽冀百石弩。发机若雷电，一发连四五。"诸葛亮曾改造发明"元戎弩"，史称"诸葛连弩"，以铁铸造箭矢，箭矢长八寸，能够"一弩十矢俱发"。马钧对诸葛连弩进行改进，使其威力大幅提高。

　　在汉代已有使用"毒箭"的记录，《后汉书·耿弇传》记载耿弇攻匈奴，"以毒药傅矢"，被射中的人皆伤口溃烂，杀伤力巨大，"匈奴震怖"。三国时期蜀汉名将关羽也曾被毒箭射中，贯穿左臂，每到阴雨天气就疼痛不已，于是不得已让军医"破臂作创，刮骨去毒"。

　　三国时期也有了使用"火箭"的记载，太和二年（公元228年）诸葛亮围攻陈仓，"起云梯，冲车以临城"。魏军守将郝昭"于是以火箭逆射其云梯。梯然，梯上人皆烧死"。这种火箭不是靠火药爆炸推动的，只是在箭矢上捆绑易燃物，然后再人力发射出去。

石弩机

东晋

长 12.5、宽 2.8、高 6.5 厘米

江苏南京中央门外老虎山颜约墓出土

南京市博物总馆藏

CROSSBOW,
STONE

The Eastern Jin Dynasty

　　郭呈长方形，长窄后宽，郭上有望山、弩牙、矢道。

铜弩机

东汉

长 15、宽 6、高 12 厘米

成都武侯祠博物馆藏

CROSSBOW,
BRONZE

The Eastern Han Dynasty

铜弩机

CROSSBOW,
BRONZE

The Eastern Han Dynasty

武——长剑断流星　Martial Arts

〇二九

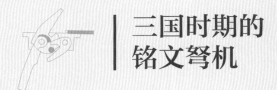

三国时期的铭文弩机

　　弩机作为弩的重要部件，在三国时期依然承袭"物勒工名"旧制，即在其上铭刻监造官和工匠的姓名，便于监督和审查。目前发现的三国时期弩机铭文体例各不相同。

　　魏弩机：魏弩机刻铭体例一般为"年号＋左尚方造＋监作吏名＋匠、师名＋编号"。弩机由左尚方负责统一安排制造。尚方是专门负责制造御用刀剑等器物的官署，汉末分为中、左、右三尚方，魏国亦沿用这一制度。弩机的监造者为"监作吏"。魏国弩机注重弩机本身的制作者，甚至具体到各部件制作者。

　　蜀弩机：蜀弩机的铭文体例一般是"年号＋中作部＋主管官员名字＋吏名＋工名＋重量＋弩机强度"。弩机制造的主管部门为"中作部"，按照诸葛亮在《作刚铠教》中说："敕作部皆作五折钢铠、十折矛以给之"，蜀汉应设有左、中、右三作部。铭文中有重量和弩机强度是蜀汉弩机最重要的特征，可见其对兵器质量十分重视。诸葛亮曾亲自检查兵器锻造的质量问题，《作斧教》曰"……余乃知彼主者无意，宜收治之，非小事也，若临敌，败人军事矣。"

　　吴弩机：吴弩机铭文多为年号、职务、使用者和匠名，不见监造名和生产机构。这一刻铭特点应该与吴国世袭领兵制有关。孙氏父子割据江东，为了依靠江南世家豪族地主势力，不得不大力扶植部曲，形成具有孙吴特色的"授兵奉邑制"。在这种制度下，将领的身份、地位及士兵的指挥权、统治权被世袭继承，强化了士兵对将领的人身依附性、固定性。吴弩机铭文就是对这种历史现象的具体反映。

「景耀四年」铜弩机

三国

长 16、宽 12 厘米

四川郫县雷家祠出土

四川博物院藏

ENGRAVED CROSSBOW,
BRONZE,
THE 4th YEAR OF JINGYAO

The Three Kingdoms Period

　　弩机前方有用于挂弦的牙，牙后连有望
山，铜郭下方有悬刀，用于发射。弩机上刻
铭文三十三字："景耀四年二月卅日中作部
左典业刘纪业吏陈深工杨安作十石机重三斤
十二两"。"景耀"为蜀汉后主刘禅的年号，
景耀四年即公元 261 年；"石"是古代衡制。

三国时期铭文弩机的考古发现

曹 魏

年代	铭文内容
建安二十三年 （公元 218 年）	建安廿三年九月廿日□□□监作吏隽□ 待令杨郡臂师杨政耳师王□作
黄初七年 （公元 226 年）	黄初七年六月一日监作□□□蚀萧□ □□□□师张倌耳师造口才廿二
景初二年 （公元 238 年）	景初二年二月一日左尚方造骑□□□监作吏苏夏 司马张□□师王容师□□王□四牛三三百卅八
正始二年 （公元 241 年）	正始二年五月十日左尚方造监作吏□泉牙 匠马□师陈耳臂匠江□聂□道
正始二年 （公元 241 年）	正始二年五月十日左尚方造监作吏□泉耳 匠马广师王丙臂匠江子师宋阿生百一十七
正始二年 （公元 241 年）	正始二年五月十日左尚方造监作吏矗泉 耳匠马广师□□臂匠江子师项种
正始二年 （公元 241 年）	正始二年五月十日左尚方造监作吏晃泉 牙匠马广师张白□□江子师王阿
正始二年 （公元 241年）	正始二年五月十日左尚方造监作吏晃泉 牙匠马广师戴业臂匠江子师项种

曹操·像

刘备·像

蜀 汉

年代	铭文内容
延熙十六年 （公元 253 年）	延熙十六年四月廿日中作部典 □□遂绪吏李飞□杨汲□工杨 茗作立坂重二斤五两
景耀四年 （公元 261 年）	景耀四年二月卅日中作部左典 业刘纪业吏陈深工杨安作十石 机重三斤十二两

孙吴

年代	铭文内容
黄武元年 （公元 222 年）	□□□□枚黄武元年七月作师陈香臂师番李； 校尉董嵩士陈奴弩；都尉董嵩士谢举弩；陈香
黄武六年 （公元 227 年）	黄武六年…⋯司马冯图⋯⋯作努 铜⋯⋯要作檗⋯⋯付藏吏吴厚
嘉禾六年 （公元 237 年）	嘉禾六年十月□陈太□□□□ 直一万司马王随平
孙吴	将军孙邻弩一张
孙吴	将军郑贵私弩，将军赵濯私弩， 郎吏缪曜私弩
孙吴	征北朱将军士王勇
孙吴	相君吏彭雏弩

孙权·像

『延熙十六年』铜弩机

三国

长 13.3、宽 6.7、高 15.3 厘米

成都武侯祠博物馆藏

　　由望山、悬刀、键、钩心、机身等部件组成，保存比较完整，但已锈蚀，不能活动。机身有铭文"延熙十六年四月廿日中作部典□□遂绪吏李飞□杨汲□工杨茗作立坂重二斤五两"共三十五字。铭文反映了蜀汉弩机的制作和管理流程，是难得一见的蜀汉时期珍贵文物。

铜弩机

东晋

长 18、宽 3.7 厘米

江苏南京象山 3 号墓王丹虎墓出土

南京市博物总馆藏

CROSSBOW,
BRONZE

The Eastern Jin Dynasty

小铜弩机

东晋
长 10.2、高 2.3、厚 2 厘米
江苏南京象山 1 号墓出土
南京市博物总馆藏

SMALL-SIZED CROSSBOW,
BRONZE

The Eastern Jin Dynasty

铜弩机

东晋
长 13.2、宽 3.1、厚 3.5 厘米
江苏南京象山 1 号墓出土
南京市博物总馆藏

CROSSBOW,
BRONZE

The Eastern Jin Dynasty

铜弩机

南朝
长 29、高 7 厘米
江苏南京秦淮河出土
南京市博物总馆藏

由郭、望山、牙、悬刀等部件构成，郭
面有矢道，郭侧有二栓孔。此弩机体形较大，
应当为后世流行床弩的前身。

东晋

长 17.3、宽 3.6、高 12.5 厘米

江苏南京象山 9 号墓王建之墓出土

南京市博物总馆藏

由牙、望山、矢道等组成。郭面饰以错金云纹，望山面有错银刻度，已不清晰，刻度区长 6.8 厘米。

三翼铜镞

东汉

长 3 ~ 5.9 厘米

成都武侯祠博物馆藏

　　共四枚。长短不一，其中二枚有铤，
形状略有差别。

TRIPLE-WINGED ARROWHEAD, BRONZE

The Eastern Han Dynasty

双翼铜镞

东汉

长 9.6 厘米

成都武侯祠博物馆藏

DOUBLE-WINGED ARROWHEAD, BRONZE

The Eastern Han Dynasty

战马人物空心砖

汉代

长 155、宽 53、厚 17 厘米

河南博物院藏

　　砖为扁平长方体，灰陶胎，模制。两端有榫，一端为双圆孔，一端为双长方形孔。砖体一面模印战马、人物、朱雀等纹饰，一面模印有战马纹饰，皆以菱形纹饰边。

HOLLOW BRICK
WITH IMPRESSED
CAVALRYMAN PATTERN

The Han Dynasty

撑弓人物形象（局部）

─ 辕门射戟 ─

"辕门射戟"的故事在史书《三国志·魏书·吕布传》中有精彩地描述。三国时期袁术派大将纪灵率领步骑兵三万人攻打驻扎在小沛的刘备，吕布为了调解双方，便令门侯在军营门口举起一支戟，说道"诸位请看我射这只戟的小枝，若射中，则诸君和解而去。若射不中，你们便可决战。"结果一箭射中，众将都震惊不已，惊呼"将军天威也"。于是纪灵和刘备各自退兵。《三国志通俗演义》对此点评道"昔日将军解斗时，全凭射戟释雄师。辕门深处如开月，一点寒星中小枝。"

越民铸宝剑，出匣吐寒芒。

——三国·曹丕《剑》

　　"技击"一词首见于春秋战国时期的文献中,《荀子·议兵》载"齐人隆技击"。技击是力量、速度、耐力等身体素质和使用器械技能的综合比拼,主要包括以战争为目的的军事技击和以娱乐竞技为目的的民间技击。其不仅奠定了古代体育运动发展的基础,而且成为汉以后体育运动的主流项目。

　　汉晋三国是中国兵器史上的重要时期,随着作战方式的改变,灵活性更强的骑兵作战代替了春秋战国以来的车战传统,以挥砍为特征的刀逐步取代剑成为战场上的主角,同时戈和戟的使用也在逐渐减少,呈现出更加规范化、系统化、标准化和普及化的作战特征。

CLOSE FIGHTING SKILLS

The phrase "close fighting" first appeared in the documentation of the Spring and Autumn Period and the Warring States Period. As recorded in *Xunzi: A Debate about Warfare,* the Qi people took close fighting skills very seriously. Involving the use of arms and multiple competitions in physical qualities, like force, speed and stamina, close fighting included primarily battleground fighting as well as civilian fighting for recreational competition purposes. Close fighting not only laid the foundation for other ancient sports, but also became a mainstream sporting event from the Han Dynasty onwards.

汉晋三国时期的刀与剑

西汉时期，环首刀开始普及，至东汉末年基本成为士兵的标准配置。《太平御览》载，诸葛亮曾命蒲元在斜谷造刀三千口，蒲元为了造出好刀，特地使用蜀江江水来为刀刃淬火，所造的刀精良锋利，被称为"蒲元神刀"。南朝梁陶弘景《古今刀剑录》载，黄武五年（公元226年）孙权造"千口剑，万口刀"。从这些记载可以看出，剑已逐步退出实战领域，刀则成为士卒的主要实战兵器。

三国时期，技击出现了流派化和传承化的发展趋势。据曹丕《典论·自叙》载，"余（曹丕）又学击剑，阅师多矣。四方之法各异，唯京师为善。桓、灵之间，有虎贲王越，善斯术，称于京师。河南史阿言，昔与越游，具得其法；余从阿学之精熟。"曹丕为学习剑术，遍访四方名师，最后认为还是京师地区水平最高。同时沿袭王越、史阿的剑术体系，练至精通。

环首铁刀

汉代

长 75、宽 5.5 厘米

成都武侯祠博物馆藏

　　西汉时期，工匠们用钢经过反复折叠锻打和淬火后制作出环首铁刀。而环首刀单面开刃、厚脊，在当时而言是最利于砍杀的兵器，加上强弩、铁戟的长短程配合，大大加强了汉朝军队的攻击力。

RING POMMEL SWORD

The Han Dynasty

伍伯画像砖

东汉
长 44.3、宽 25.4、高 7 厘米
四川博物院藏

WARRIORS,
BRICK RELIEF
The Eastern Han Dynasty

　　长方形，模制。画面为浅浮雕。共六人，头上着巾，身穿短衣，均作奔跑状。前二人一手执矛，一手执管；后四人一手执矛，一手执棒。

胡汉激战空心画像砖

汉代
长 122.5、宽 33.5、厚 14 厘米
河南新野樊集乡出土
河南博物院藏

HAN SOLDIERS FIGHTING
XIONGNU SOLDIERS,
HOLLOW BRICK RELIEF
The Han Dynasty

汉晋三国时期的戟

　　戟是在戈与矛的基础之上组合而来，具有钩啄和前刺两种复合功能。《释名·释兵》："戟，戈也，旁有枝格也。"戟从商周起便出现在战争中，是汉代步兵和骑兵常用的格斗兵器。《汉书》载，晁错向汉景帝建议"两阵相近，平地浅草，可前可后，此长戟之地也，剑盾三不当一"。可见在汉代步兵作战为主的情况下，戟的使用在双方作战中能起到决定性的作用。随着战争形式的变化，西晋以后戟逐渐退出实战舞台，仅具有象征身份地位的仪仗作用。

　　目前汉画像砖（石）上戟的形象主要有五种：

步骑之戟		实战兵器，常出现在表现战争的画面中。
门吏之戟		一般刻画在墓门门柱或门阙上，是主人身份的一种象征。
骑吏之戟		仪仗兵器，为车骑出行的前导者所持。
田猎之戟		在田猎和狩猎活动中所使用。
武库之戟		常出现在兵栏之上，并配有多种兵器。

灰陶拥盾俑

东汉

宽 20、高 50 厘米

成都武侯祠博物馆藏

SHIELD-CLASPING WARRIOR FIGURINE, GREY EARTHENWARE

The Eastern Han Dynasty

武士俑

西晋

高 28 厘米

成都体育学院博物馆藏

WARRIOR
FIGURINE

The Western Jin Dynasty

投掷武士俑

西晋

高 45 厘米

成都体育学院博物馆藏

　　陶俑为胡人形象，双目睁张前视，颧骨隆突，表情严肃专注。头戴兜鍪，身披铠甲，肩有披膊，左手持盾举于胸前，右手半握似持兵器。

JAVELIN-THROWING WARRIOR FIGURINE

The Western Jin Dynasty

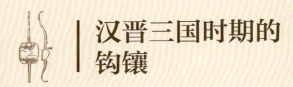

汉晋三国时期的钩镶

钩镶是存在于汉末三国时期的一种复合型兵器，兼具防、钩、推刺三种功用。汉代刘熙在《释名·释兵》中云"钩镶，两头曰钩，中央曰镶，或推镶，或钩引，用之宜也"。作用比纯防御的盾要更为丰富。钩镶由钩和镶两部分组成，钩分前钩和后钩，两钩间弯曲的部分为镶。钩镶通常与刀、剑等兵器配合使用，镶作为盾的作用，用以防守，钩则是用于钩束敌方兵器（主要是戟），再用刀、剑等兵器砍刺敌人。

汉晋之时，以戟为代表的冷兵器盛行，而钩镶对抵抗戟的进攻较为有效。因戟有横出的小枝，被钩束后，很难迅速抽回，持钩镶者即可乘机砍刺对手。钩镶不仅是一种攻防兼备的武器，也常作为皇帝进行封赏的赏赐物，《东观汉记》载："诏令赐邓遵金，蚩尤辟兵钩一。"

汉晋以后，随着戟逐渐退出战场变为仪仗用器，钩镶也随之衰微以至绝迹。

钩镶

汉代
长 79、宽 14 厘米
成都体育学院博物馆藏

HOOK-ENDED SHIELD
The Han Dynasty

长援双乳铜戈

东汉

长 25、宽 7.2、厚 0.9 厘米

成都武侯祠博物馆藏

DAGGER-AXE WITH A
LONG EDGE AND TWO
DECORATIVE NAILS,
BRONZE

The Eastern Han Dynasty

长胡三穿铜戈

东汉
长 24.7、宽 12、厚 0.9 厘米
成都武侯祠博物馆藏

DAGGER-AXE WITH A LONG HANDLE JOINT AND THREE HOLES, BRONZE

The Eastern Han Dynasty

鎏金铜戈

汉代
通长 19.3、胡长 10.7、厚 3 厘米
成都武侯祠博物馆藏

DAGGER-AXE, GILT BRONZE

The Han Dynasty

— 曹邓击剑 —

《三国志·魏书·文帝纪》载,魏文帝曹丕与奋威将军邓展一起饮酒。曹丕听说邓展善徒手格斗,又遍晓多种长短兵械,于是在饮酒兴至后,两人以甘蔗代剑,在殿下比武。曹丕三次打中邓展的手臂,引得左右大笑,邓展不服气,要求再比试一次。曹丕故意贸然深进,引邓展迎前,曹丕乘机后移步法,右手突刺,正打中邓展额头,引得四周宾客皆震惊不已。曹丕笑着对邓展说"以前有一位叫作阳庆的名医,他曾叫淳于意将自己的旧秘方全部抛弃,另外教授他新的秘术,现在我也希望邓将军把旧的技艺全部抛弃,重新学习新的击剑方法吧。"满座宾客都不禁欢笑起来。

桓桓猛毅，如罴如虎。

——三国·曹叡《善哉行》

　　手搏，又作"弁"或"卞"，是古代一种徒手搏斗的军事体育活动，近似于后世的"拳术"。汉代，手搏已发展成一种专门军事体育技能，主要用于提高士兵的军事武艺。在《汉书·艺文志》中，班固著录有《手搏》六篇，曰"技巧者，习手足，便器械，积机关，以立攻守之胜者也。"通过这种"技巧"训练，可活动、练习手足，增强个人体质，提高步兵技战能力，并使人在训练中掌握、积累起一定的技击方法和经验，从而在实战中达到克敌制胜的目的。同时手搏也具有一定的娱乐性质，《汉书·哀帝纪》载，哀帝刘欣"雅性不好声色，时览卞射武戏"，苏林注"手搏为卞，角力为武戏也"。

HAND-TO-HAND COMBAT

Hand-to-hand combat is a military sporting event without the use of weapons and similar to boxing in later times. Hand-to-hand combat developed into a special sports skill in the Han Dynasty, used primarily to enhance the martial arts of the troops. In the *Book of Han: Treatise on Literature,* historian Ban Gu included six chapters which discuss and define hand-to-hand combat as a form of body exercise designed to familiarize the practitioners with martial arts, weapons operation, mechanisms and military strategies. Hand-to-hand combat as a skill helps the practitioners improve fighting capability, constitution and infantry fighting capability.

汉晋三国时期徒手搏击术语

术 语	史料记载
捽 搏	《汉书·王尊传》： "（杨）辅常醉过尊大奴利家，利家捽搏其颊。"
手 格	《三国志·魏书·任城威王彰传》： "手格猛兽。"
捽 胡	《汉书·金日磾传》： "日磾捽胡投何罗殿下，得禽缚之。"
角 抵	《后汉书·南匈奴列传》： "言两两相当，亦角而为抵对，即今之斗朋，古之角抵也。"
手 搏	《长杨赋》： "以网为周阹，纵禽兽其中，令胡人手搏之，自取其获，上亲临观焉。"
徒 搏	《西都赋》： "脱角挫脰，徒搏独杀。"
卞、手搏、拳	《汉书·哀帝纪》： "雅性不好声色，时览卞射武戏。"苏林注："手搏为卞，角力为武戏也。"
相 扑	《三国志·吴书·妃嫔传》： "（孙皓）使尚方以金作华燧、步摇、假髻以千数。令宫人著以相扑，朝成夕败，辄出更作，工匠因缘偷盗，府藏为空。"
校 力	《晋书·江逌传》： "且其堑栅甚固，难与校力，吾当以计破之。"
相 打	《晋书·诸葛长民传》： "初，长民富贵之后，常一月中辄十数夜眠中惊起，跳踉，如与人相打。"

手搏俑

汉代

高 11 厘米

成都体育学院博物馆藏

HAND-TO-HAND COMBATANT FIGURINE

The Han Dynasty

汉晋三国时期的角抵

　　角抵一词来源于"以角抵人"，狭义的角抵指一种类似现在摔跤、相扑的两两较力的活动。角抵最初是一种作战技能，后来成为训练兵士的方法，再演变为民间竞技，带有娱乐性质。三国时期典籍中首次出现"相扑"一词。"相扑"与"角抵"在动作技巧方面并不等同，但同属徒手肉搏一系，之后"相扑"用来专指"角抵"中的近身徒手搏斗。

　　角抵作为礼仪和消遣的活动内容，在宫廷十分流行。据记载，东吴末帝孙皓便是"角抵"的热衷者。《太平御览·卷七一五·江表传》载："（孙皓）使尚方以金作金步摇假髻以千数，令宫女着以相扑，早成夕败，辄命更作。"《晋书·庾阐传》载"有西域健胡，矫健无敌，晋人莫敢与之校"，司马炎大为恼火，于是广募勇士，庾东素来以勇力而出名，便前往应募，在与胡人的比赛中"遂扑杀之"，一战而名震天下。

角抵俑

汉代

高 14 ~ 16 厘米

成都体育学院博物馆藏

　　这组角抵俑由二名力士组成，皆双手高举，人物形态灵动、表情鲜活、动作丰富。

策我良马，被我轻裘。

载驰载驱，聊以忘忧。

——三国·曹丕《善哉行》

御术即驾驭之术，早在西周时期就成为"六艺"之一，是士人所必备的体育技能。御分为御车和御马两种，对驾驭者都有很高的要求，不仅需要机智灵敏，还必须有强壮的臂膀力量。在汉晋三国时期壁画和画像砖（石）中常有表现急速奔驰的驾车和骑马形象，反映了当时御者的高超技巧。

汉晋三国时期是车技从军事目的变为日常出行的转折期，涌现出一批御车高手，汉代夏侯婴就是其中之一。《汉书·夏侯婴传》载，刘邦曾经败逃时，为减轻重量，数次将自己的孩子踹下马车，但夏侯婴却执意带上孩子，最后凭借自己高超的御车技巧，摆脱了险境。

进入汉代，骑兵已成为军队的主要军种，御术也成为衡量一个人武力的评价标准之一。《三国志·蜀书·关羽传》载，"（关）羽望见良麾盖，策马刺（颜）良于万众之中，斩其首还"，于万军之中取上将首级，可见关羽御术之高。

HORSEMANSHIP

As the name suggests, horsemanship means horse riding, which, as a sports skill, was required of scholar officials as early as the Western Zhou Dynasty. Horsemanship may be carriage-centered or horse-centered, both requiring the rider to have extraordinary wit, agility and strong arms. Galloping horses and coachmen are characteristic of many wall paintings and impressed bricks or stones created in the Han Dynasty, the Jin Dynasty and the Three Kingdoms Period. These reflect the superb horsemanship of the riders.

平索戏车、车骑出行画像砖

汉代

长 119.5、宽 36.5、厚 9 厘米

河南新野樊集乡吊窑墓出土

河南博物院藏

ACROBATS AND
HORSE-DRAWN
CARRIAGE,
IMPRESSED BRICK

The Han Dynasty

車馬出行畫像磚

东汉
长 17.5、宽 6.4 厘米
江苏高淳固城东汉墓出土
南京市博物总馆藏

　　仅存残件。端头印车马出行图，图中双马驾车，一人端坐车中，前方有御者，另有两人骑马行于车前。

陶
马

南朝

宽 30、高 29 厘米

江苏南京雨花台区 A1 地块 5 号墓出土

南京市博物总馆藏

　　马身躯健壮，长尾下垂，配有镳、联
珠形攀胸、鞍，鞍两侧有障泥。

HORSE,
EARTHENWARE

The Southern Dynasties

武——长剑断流星　Martial Arts

〇七一

 **Ⅰ 马镫的出现及使用**

　　马镫是挂在马鞍两侧的脚踏马具，其作用不仅是帮助骑手上马，更主要的是在骑行时支撑骑马者的双脚，以便最大限度地发挥骑马的优势，同时又能有效地保护骑马人的安全。根据目前的考古发现，湖南长沙西晋永宁二年（公元 302 年）墓出土的青瓷骑马俑，其马鞍左前侧处的三角状马镫是目前所知最早的马镫形象。但此时的马镫仅出现在一侧，作用也只是方便骑马者上下，是马镫的原始形态。

　　略晚的江苏南京象山 7 号墓、辽宁朝阳袁台子壁画墓和陕西咸阳平陵 1 号墓陆续出土双马镫，形状从三角形变为圆角三角形。象山 7 号墓和咸阳平陵 1 号墓为陶俑，朝阳袁台子墓马镫则为木芯外包革髹漆。说明至迟在东晋时单马镫已过渡到双马镫，这具有重要意义，双马镫的出现使战马更容易驾驭，骑士解放了双手，可以在飞驰的战马上且骑且射，也可以在马背上完成左右大幅度劈砍的军事动作。三国两晋南北朝时期，越来越多的重装骑兵出现在战场上，与双马镫的出现和广泛使用是分不开的。

陶马

东晋

长 38.8、宽 18.4、高 34 厘米

江苏南京象山王氏家族墓 7 号墓出土

南京市博物总馆藏

HORSE,
EARTHENWARE

The Eastern Jin Dynasty

　　马身存白粉痕迹，马鞍存朱红色痕迹。
马身躯健壮，长尾下垂，配有络头、鞍，鞍
两侧有障泥及马镫，鞍后有鞘带。

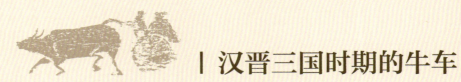 # 汉晋三国时期的牛车

　　魏晋时期的陆路交通工具以车、舆、辇等为主，官员和贵族一般马车和牛车并用。牛车也称为"犊车"，原为一般民众或下层官吏所乘。《晋书·舆服志》载，"古之贵者不乘牛车"，但汉武帝颁布推恩令以后，诸侯积弱，其中贫穷者只能乘坐牛车，到东汉晚期汉灵、献帝时，从天子到普通士人乘坐牛车已经成为稀松平常的事情。黄武五年（公元226年），吴王孙权答复陆逊实行屯田措施时说"今孤父子亲自受田，车中八牛以为四耦"，"车中八牛"意即为拉座驾的八头牛，可见牛车已在吴王的车驾中有一席之地。

　　入晋以后，由于南方马匹较少，加之玄学的影响，所以士大夫阶层中牛车之风更为盛行，出门以乘坐牛车为尊，轻视乘坐马车者。《晋书·舆服志》中记录了多种牛车形制，如画轮车、皂轮车、油幢车、通幰车、云母车、御衣车、御书车、御辌车、御药车等，一定品秩以上的官员还可以享受赐牛车和加车的待遇。

灰陶马厩模型

汉代

长 20.5、宽 16、高 7.5 厘米

成都武侯祠博物馆藏

STABLE, GREY EARTHENWARE

The Han Dynasty

顿熊扼虎，蹴豹搏貙。

——三国·曹植《孟冬篇》

斗兽的起源据唐代卢求《成都记》传，蜀守李冰为治蛟龙，化为牛形与江神相斗，民间遂于春冬设斗牛之戏。汉晋之时，在尚武精神的影响下，斗兽活动日益兴盛，与前代相比，不仅规模扩大，而且参与人员广泛，上至诸侯贵族，下及民间百姓都喜欢斗兽。当时所斗之兽有虎、牛、狮、熊、兕等，而以斗虎、斗牛最为流行。不少英雄人物都有此爱好，如汉武帝刘彻"方好自击熊豕，驰逐壄兽"，曹操之子曹彰"手格猛兽，不避险阻"。斗兽场面规模宏大，气势恢宏。汉代文学家司马相如的《子虚赋》《上林赋》，辞赋家扬雄的《长杨赋》都对斗兽场面做了生动的描述，反映了勇士英武、洒脱的精神面貌和勇往直前的无畏精神。

HUMAN VS. ANIMAL FIGHT

According to Lu Qiu's *Chronicles of Chengdu* in the Tang Dynasty, Li Bing, then administrator of Shu, in order to subdue a dragon, shapeshifted into a bull and fought the God of Rivers. To honor his heroic feat, his people held bullfights in spring and winter. During the Han and Jin dynasties, when martial arts were all the rage, human vs. animal fight became increasingly popular for its grandeur and a wide range of spectators. Both the nobles and the commoners enjoyed it. At that time, animals such as tigers, bulls, lions, bears, and rhinoceros were brought into the fights, among which tigers and bulls were the most common.

陶牛车

东晋

车长 32、高 18.4 厘米

牛长 19.5、高 9.5 厘米

江苏南京西善桥建宁路砖瓦厂南山顶 1 号墓出土

南京市博物总馆藏

　　牛身躯矮壮，俯首垂耳。车厢长方形，顶作卷
蓬式，前后出檐，车前部全敞，后部右侧留有一长
方形门，车辕平行前伸，有横轭相连，圆轮上刻几
道车辐。

陶牛车

南朝

长 45、宽 33、高 23 厘米

江苏南京雨花台区 A1 地块 5 号墓出土

南京市博物总馆藏

　　牛首向前、双角上顶作前行状。车厢长方形，顶前后出檐，车前部全敞，后部右侧留有一长方形门，车辕平行前伸，有横轭相连，车轮为辐条式。

汉晋三国时期牛车简表

地 区	形 制	出土地点
湖 北		湖北鄂城东吴孙将军墓
江 苏		江苏金坛方麓东吴墓
		江苏南京近郊西晋太康六年墓
广 东		广东广州沙河顶西晋墓
		广东广州沙河顶西晋墓
河 南		河南洛阳西晋墓
		河南洛阳北郊西晋墓

河 南		河南郑州晋墓
		河南偃师杏园村魏晋墓（M34）
山 西		山西长治故县村墓葬
甘 肃		甘肃酒泉、嘉峪关晋墓
		甘肃酒泉、嘉峪关晋墓
		甘肃酒泉、嘉峪关晋墓
		甘肃酒泉西沟村魏晋墓
		甘肃敦煌佛爷庙湾西晋墓（M37）

臧卓美：《试论魏晋南北朝隋唐墓葬出土的牛车》，《南京晓庄学院学报》2016年第3期。

褐陶马

东汉

长 45、宽 16、高 46 厘米

成都武侯祠博物馆藏

HORSE,
BROWN EARTHENWARE

The Eastern Han Dynasty

褐红釉熊足博山盖陶鼎

汉代

口径 19、高 30.3 厘米

河南博物院藏

红陶胎，熊足施红、绿釉，其余部分均施褐红釉。鼎身轮制，足、盖、耳模制。鼎身敛口，鼓腹，圜底，三熊足，附长方耳外侈，口沿上承博山盖。鼎腹中部饰凸弦纹。博山盖上山峦叠嶂，有常青树、鹿、野猪等，还有张弓欲射的猎者，山顶有屈曲而行的爬龙。

CAULDRON WITH BEAR-LIKE
FEET AND A MOUNTAIN-LIKE
COVER,
MARRON RED EARTHENWARE

The Han Dynasty

汉晋三国时期斗兽的兴盛及分类

　　斗兽是汉晋三国时期流行的一种娱乐休闲活动，文献史料中多有相关记载，不仅宫中修建有大规模兽圈，如《后汉书·郡国志》载"《陈留志》曰：'有陵树乡，北有泽，泽有天子苑囿，有秦乐厩，汉诸帝以驯养猛兽。'"还设置了专门的管理机构和官职，《后汉书·百官志》载"上林苑令一人，六百石。本注曰：主苑中禽兽。颇有民居，皆主之。捕得其兽送太官。承、尉各一人。"

　　《西京杂记》云，汉代广陵王刘胥勇力过人，常常在别囿练习与熊格斗的技能，后来便能断绝颈项、空手搏杀它们。但最后被猛兽所伤，"陷脑而死"。另据《三国志》记载，建安二十三年（公元 218 年），孙权骑马在庱亭射猎猛虎，不料马被猛虎咬伤，情急之下掷出双戟才击退猛虎。贴身侍卫张世又上前用戈击刺，最终制服这只猛虎。之后张昭劝谏他说"将军您作为百姓的君主，应该是要驾驭英雄、驱使贤才，怎么能在原野上驰骋，去和猛兽比试勇敢呢？"但孙权仍不舍得放弃这种乐趣，于是制作了一种射虎车，其上无盖，由一人专门负责驾车，孙权便在木箱内射虎，就这样也不时有猛兽冲到射虎车前，孙权每每亲手击杀它们，把斗兽作为一大乐事。

「延光」斗兽纹陶灶

汉代
长 37.5、宽 25.8、高 19 厘米
河南博物院藏

　　灰陶胎。模制。灶为长方形，灶门呈半圆形，门左侧刻有仙鹤，右侧刻有跪坐姿老者。上有火墙，灶面有火眼四处，并附甑二个，后端中部置有烟囱（已失），灶面左侧刻一鱼，右侧刻一猪。灶右侧面刻有人斗兽图案，左为一兽，昂首张口，长尾扬起，前肢腾空，后腿扒地；右为一人，两眼注视兽，双手持刀，呈弓步形，与兽作格斗状。火门上刻有菱形纹、水波纹、三角纹，火墙背面刻隶书"延光"二字。

KITCHEN RANGE WITH ANIMAL
FIGHT PATTERN,
EARTHENWARE,
YANGUANG PERIOD OF HAN

The Han Dynasty

王戎观虎

据刘义庆在《世说新语》中记载，魏明帝曹叡在宣武场上设置了斗兽场，让勇士与老虎搏斗，引得四方百姓都来观看。当时年仅七岁的王戎也跟随去看斗兽。老虎在斗兽场内四处吼叫，声音震天动地，周围观看的人无不吓得惊慌失措，跌倒在地，只有王戎镇定自若、毫无惧色。

LEISURE GAMES

After the founding of the Western Han Dynasty by Liu Bang and the reigns of Emperor Wen and his son Emperor Jing, recreational sports culminated during the reign of Emperor Wu of Han on a grand scale never seen before. In the third year of the Yuanfeng period (108 BC), Emperor Wu held an unprecedented carnival of recreational sports at his Ganquan Palace "for the enjoyment of foreign guests", which amazed foreign envoys and the common people. At the same time, with the rise of the manor economy, the demand of leisure activities, such as cuju, song and dance, surged among the landlords and the gentry, fueling development of recreational sports into an unprecedented stage of brilliance. In the Three Kingdoms Period and the Jin Dynasty, the influx of ethnic minorities (Xiongnu, Xianbei, Jie, Di, and Qiang groups) into the Central Plains ushered in a wave of cultural impact that injected new life into the forms and styles of traditional sports.

戏

百戏　起龙鱼

蹴鞠百戏列广庭，投壶罢了却棋戏。汉晋三国决决六百余年，在纷飞战火的主旋律下，民众游乐之风仍颇为盛行，朝堂乡野，文人雅士宴游相酬，黎民百姓俳优艺戏，休闲游艺类体育活动流行于各个阶层中，百花齐放，异彩纷呈。

自刘邦建立西汉，历文景之治，在汉武帝时期达到鼎盛，休闲体育文化出现空前繁荣。元封三年（公元前108年），汉武帝在甘泉宫举办空前盛大的百戏演出『以飨四夷之客』，外国使节和百姓无不惊声赞叹。同时，随着庄园经济兴起，豪族地主在日常生产之余，对蹴鞠博弈、乐舞百戏等休闲活动需求大增，促进了体育游艺活动的迅速发展，使休闲体育文化跨入一个史无前例的辉煌阶段。至三国两晋时期，由于匈奴、鲜卑、羯、氐、羌等少数民族大量进入中原，带来新的文化冲击，使传统体育活动形式得到丰富和发展，同时又吸收了新的艺术风格，呈现出融合发展的新特点。

贰

调心术于混冥，适容体于便安。
悦举坐之耳目，乐众心而不倦。

——三国·邯郸淳《投壶赋》

投壶

投壶亦称射壶，在春秋时期已开始流行，是一种由射礼演化而来的竞赛游戏。汉晋三国时期，投壶由古礼逐渐转变为游戏，成为宴乐活动中必备的娱乐项目。同时出现了以骁壶为代表的新投法，文雅而不失趣味。游戏时，于地上设投壶，投壶人在离壶约七尺的地方以箭矢投掷，入壶为胜，宴乐时负者多饮酒示罚。由于投壶的盛行，三国时期曹魏著名书法家、文学家邯郸淳还专门作有《投壶赋》描绘投壶者高超的技艺和游戏时热闹的场面。"对酒设乐，必雅歌投壶"，贵族和士大夫乐道于此，投壶在女子中间也备受欢迎。

TOUHU

Touhu, or shehu, was a darting-like competitive game that evolved from ancient archery rites in the Spring and Autumn Period. Beginning from the Han Dynasty, the Jin Dynasty and the Three Kingdoms Period, touhu gradually developed into a competitive game of a purely recreational nature often seen on convivial parties. At the same time, new elegant and interesting forms of touhu were invented, mainly represented by xiaohu.

 # 汉晋三国时期的投壶

制作箭矢的材料

最初投壶所用的箭矢一般为木质，较为笨重，投掷亦不方便，且容易损坏器皿。进入汉代，人们开始用竹来制作投壶箭矢，竹箭相较于木箭弹性更好，更易投掷，对器皿损坏较小。

投掷技术的方法

汉代以前，为了使投壶之矢不弹出，就在壶中装些小豆，以增强入壶之矢的稳定性。汉代开始，人们逐渐不在壶中装小豆，故意使竹矢入壶再反弹出来，然后接之又投，称为"骁"。

汉代刘歆《西京杂记》："武帝时，郭舍人善投壶，以竹为矢，不用棘也。古之投壶，取中而不求还，故实小豆于中，恶其矢跃而出也。郭舍人则激矢令还，一矢百余反，谓之为骁。言如博之擎枭于掌中，为骁杰也。每为武帝投壶，辄赐金帛。"

三国邯郸淳《投壶赋》："既入跃出，茬莽偃仰。俯仰趋下，余势振掉，又足乐也……若乃撮矢作骁，累掇联取，一往纳二，巧无与耦，斯乃绝伦之才，尤异之手也。"

输赢计分的方法

战国时期以投中三矢为一局，投中一矢，司射便"为胜者立马"，三马既立，便结束了一局。汉代以投六矢为一局，河南南阳出土投壶画像石中，壶中已有四矢，是两人各投二矢，每人手中拿一矢又抱三矢，共六矢。

绿釉陶投壶

西汉

高 20.6 厘米

河南博物院藏

红陶胎，通体施深绿色釉。模制。竹节状的直壁细颈，壶身呈圆球状，下有三兽形足。肩部、腹部各有凸弦纹一周。此壶与《礼记》所载"壶颈修七寸，腹修五寸，口颈二寸半，容斗五升"的形制相去无几。

PITCH-POT,
GREEN-GLAZED
EARTHENWARE
The Western Han Dynasty

投壶

汉代

腹径 20、高 24 厘米

成都体育学院博物馆藏

连骑击鞠壤，巧捷惟万端。

——三国·曹植《名都篇》

蹴鞠

蹴鞠是我国古代一种体育运动，蹴的意思是用脚踢，鞠就是球，蹴鞠即用脚踢球，类似于现代的足球运动。蹴鞠传说始于黄帝，用于军事训练。最早关于蹴鞠的文献记载是《战国策·齐策》，其中描述齐国首都临淄"甚富而实，其民无不吹竽鼓瑟，弹琴击筑，斗鸡走狗，六博蹋鞠者"。说明蹴鞠在 2300 多年前就已在社会中流行了。汉晋三国时期蹴鞠活动蔚为兴盛，不仅有以军事练武为目的的对抗式蹴鞠竞赛，还有非竞赛性的蹴鞠表演。上至皇室贵族，下至庶民百姓，皆以此为乐，呈现出"康庄驰逐，穷巷蹋鞠"的景象。

CUJU

Cuju was a sport in ancient China similar to modern football. "Cu" means kicking and "ju" refers to a ball. Initially, cuju served for military training during the reign of The Huang Di Emperor. The earliest documentary record of cuju is found in the *Strategies of the Warring States,* which describes Linzi, the capital city of Qi, as "a wealthy town, where people played *yu* (a wind instrument), *se* (an ancient Chinese plucked zither), *zhu* (an ancient Chinese string instrument), and *qin* (Chinese zither), and enjoyed cockfighting, dog-racing, *liubo* (an ancient Chinese board game), and cuju".

蹴鞠的起源

训练说

1973 年，湖南长沙马王堆三号墓出土的帛书《经法·十六经·正乱》中，记述有黄帝战胜蚩尤之事，其中一段提到蹴鞠的起源："黄帝身遇之蚩尤，因而禽之。……剪其发而建之天，名曰蚩尤之旌。充其胃以为鞠，使人执之，多中者赏。"故刘向在《别录》中称"蹴鞠者，传言黄帝所作，……所以练武士，知有材也，皆因嬉戏而讲练之。"

祭祀说

此说法肇始于唐豪先生，唐先生根据甲骨文的"🙂"字与"卜辞"中"庚寅卜，贞：乎🙂舞，从雨。"（庚寅占卜，卜得吉兆，王召唤作🙂舞，舞后频频降雨。）认为"🙂"是"足十球"的复文，形同二人争逐一球，因此"🙂舞"解释为足球舞或鞠舞。并得出结论"足球舞之始终为巫术仪式"。

游戏说

持此说法的人比较多，不少人根据原始石球、陶球的研究而提出这一说法。也有根据金文中"🙂"的考订，认为是"鞠"字的原始形态。按象形的原则，认为该字形象地描绘了"二人各手持一物在抛掷为乐"的情景。

——引自中国古代体育史讲座编写小组：《汉代的蹴鞠运动》，《体育文史》1987 年第 2 期。

汉晋三国时期的蹴鞠场地

鞠城

鞠场呈长方形、四周设有围墙，所以也称为"鞠城"。东西两边墙上挖有弯月状的鞠室，场边正中建有供观众观赏比赛的大殿，多为宫廷使用。

鞠域

鞠场四周不设围墙，所以也称为"鞠域"。比赛中划地为界，且在两边各挖六个土坑以作鞠室所用，每个鞠室外有一人防守、多为民间使用。

汉代蹴鞠场地设施（体育史学家唐豪先生所绘）

鞠的制作方法

皮革实心鞠

汉代、鞠的制作方法已经较为成熟、《汉书·艺文志》二十五篇下《蹴鞠》颜师古注："鞠，以韦为之、实以物、蹴蹋之以为戏也。"可见这时的鞠是以皮革做成，以熟皮缝制，内填以毛或其他东西的圆形实心球。

毛丸

《太平御览》卷七五四引应劭《风俗通》："毛丸谓之鞠。"郭璞《三苍解诂》："鞠、毛丸，可蹋戏。"所谓"毛丸"就是用毛线缠绕而成的鞠。这种制作方法更方便、但使用性和坚实性都比皮壳实心鞠要差一些。

汉晋三国时期蹴鞠形式简表

类别	内容	文献
军事训练	蹴鞠是汉代士卒进行军事训练的经常性项目。《汉书·艺文志》二十五篇《蹴鞠》将蹴鞠归于"兵伎巧"，认为蹴鞠训练可以"习手足，便器械，积机关，以立攻守之胜者也。"	刘向《别录》："蹴鞠，兵势也，所以练武士知有材也。"刘歆《七略》："蹋鞠，其法律多微意，皆因嬉戏以讲练士，至今军士羽林无事，使得踏鞠。"《太平御览》卷七五四引《会稽典录》："三国鼎峙，年兴金革，士以弓马为务，家以蹴鞠为学。"
宫苑娱乐	蹴鞠具有一定的娱乐性，在汉代，逐渐从军事训练项目演变为一种娱乐活动。	刘歆《西京杂记》："成帝好蹴鞠，群臣以蹴鞠劳体，非至尊所宜。帝曰：'朕好之，可择似不劳者奏之。'家君作弹棋以献，帝大悦，赐青羔裘、紫丝履，服以朝觐焉。"《太平御览》引《魏略》："孔桂，字叔林，性便妍，好蹴鞠，故太祖爱之，每在左右。"陆机《鞠歌行》序："按汉宫阁有含章鞠室、灵芝鞠室。"
休闲游戏	休闲蹴鞠的主要功能在于游戏，其活动群体广泛得多，无论男女老少均可进行。在汉代出现了女子蹴鞠，这种女子蹴鞠的资料在汉代画像石中常常见到。	刘歆《西京杂记》："高祖窃因左右问其故，以平生所好，皆屠贩少年，酤酒卖饼，斗鸡蹴鞠，以此为欢。今皆无此，故以不乐。"陆机《鞠歌行》："朝云升，应龙攀，乘风远游腾云端。鼓钟歇，岂自欢，急弦高张思和弹。"

— 鞠城铭 —

东汉·李尤

　　圆鞠方墙，仿象阴阳。法月衡对，二六相当。建长立平，其例有常。不以亲疏，不有阿私。端心平意，莫怨其非。鞠政由然，况乎执机！

　　《鞠城铭》对蹴鞠的场地和规则有比较详细的描述。鞠为圆形，球场四周围有方墙，竞赛中，双方各六人，共十二人进行对阵。双方遵照统一规则，各选队长，组织队员，裁判公正判罚，双方公平竞争。

起西音于促柱，歌江上之飚厉；
纤长袖而屡舞，翩跹跹以裔裔。
——西晋·左思《蜀都赋》

　　百戏亦称"曼衍之戏""角抵戏"，是中国古代杂技、幻术、俳优戏、角抵、驯兽等各种表演节目的总称，属于中国古代体育活动中的休闲游艺大类。百戏兴于秦汉，最早记载于《后汉书·安帝纪》，云"罢鱼龙曼延百戏"。东汉时，每年正月天子接受朝臣和蛮、貊、胡、羌朝贡，举行朝贺之礼时，德阳殿前都会有各种杂技、幻术等百戏节目演出。从目前的考古材料和文献记载来看，汉晋三国时期的百戏已达到很高的艺术水平，或鱼龙蔓延为角抵之技，或假面装扮为象人之艺，或滑稽幽默为俳优之戏。后世乃至今日，很多歌舞杂技类节目，皆是从百戏发展而来。

BAIXI

Baixi, also known as "manyan" or "jiaodi", is a general term for performances of acrobatics, illusionism, pantomime, masked wrestling, and animal performances in ancient China, and one of leisure and recreational Chinese sports. Baixi flourished in the Qin and Han dynasties. Its earliest record is found in the *Book of the Later Han*. In the Eastern Han Dynasty, when courtiers and ethnic minorities paid tribute in the first lunar month every year, the Chinese emperors would held a feast of performances featuring acrobatics and illusions in front of the Deyang Palace.

汉晋三国时期百戏分类简表

耍弄技	跳丸	也称"弄丸"，指表演者用手熟练灵活地抛接丸的技巧表演，数量为三至九丸。	
	跳剑	也称"弄剑"，指表演者用手熟练灵活地抛接剑的技巧表演，抛接时任由剑在空中翻腾，但必须保持剑把着手。跳丸和跳剑常组合在一起表演。	
	弄壶	指表演者将壶抛向空中后，用肘、小臂承接，表演过程中，壶始终保持平衡，不倾不倒不落地。	
	舞轮	古代一种杂技，用车轮等在手中抛弄。	

倒　立	徒手倒立	指表演者双手撑在地上，头向下双腿向上的杂技表演。	
	案上倒立	也称"叠案"，最早称为"安息五案"。有一案和多案之分，最多可达十二案。	
	奁上倒立	指表演者在奁上，单手撑奁，身体向前弯曲做倒立表演。	
	橦上倒立	指表演者在橦上完成相关表演，是寻橦与倒立的结合。	
	鼓上倒立	指表演者在建鼓或鼙鼓上表演倒立。	
	壶上倒立	指表演者单手撑于壶口沿上表演倒立。	

柔 术	反弓	表演者向后反弓腰背，身体弯曲呈弓形。根据表演者双腿是否据地，分为据地式和不据地式两种。	
	倒挈面戏	表演者身体弯曲，双手握足，呈球形。	
走 索		也称"履索"，指表演者在两端固定后的悬空绳索上表演各种花式动作。	
寻 橦		也称"缘杆戏"，其中一名表演者一手托杆，其余表演者爬至杆顶作耍戏状。	

冲 狭	指表演者从一个狭小的空间冲越过去的表演，道具一般为空间狭小的圆环，甚至为了增加表演难度还在圆环周边插刀。	
旋 盘	指表演者将盘子置于竹竿或者长棍顶端，另一端用身体某一部位支撑，旋转盘子的杂技表演。	
戏 车	指表演者在奔跑的车上完成倒立、走索、对舞、倒挂等相关的杂技表演。	
吐 火	指表演者将口含的油类易燃液体喷出点燃手中的明火。	
鱼龙曼衍	表演者装饰成猞猁兽形，跃入水池中化为鱼形，再腾跃出水池，化为龙形，游走于廷殿之间。鱼龙曼衍是百戏中的代表性演出。	

东海黄公	指一出有人物和情节的讽刺角抵戏。故事情节大致为秦末东海人黄公，身怀法术，能降蛇伏虎，一次去东海降虎，因饮酒过度和年老体弱，反被老虎吃掉。	
总会仙倡	指一种融乐舞、幻术为一体的综合性表演，所表演的内容多与上古时期的传说故事有关，表演者常常戴着假面具装扮成鱼、虾、狮子、龙等动物翩翩起舞。	
斗 兽	指表演者驯兽以及和动物相斗的表演。	
象 戏	指表演者装扮成各种动物的表演。	
俳优戏	俳优又叫倡优。指从事滑稽表演的艺人，以说、唱、徒手表演为主。表演者以体型、长相滑稽的艺人为主，以夸张动作及面部表情来使观看者发笑。	

 **｜ 角抵之技**

　　角抵即杂技艺术，在秦代就已盛行。《史记·李斯传》云："是时二世在甘泉，方作觳抵优俳之观。"此时的角抵指人们以力或以技艺射御相较量。《汉书·武帝纪》文颖注云："（角抵）盖杂技乐也。巴俞戏、鱼龙蔓延之属也。"这时的角抵戏内容增多，种类更加丰富。

　　汉武帝就多次在上林平乐观前广场举行角抵杂技的演出，《汉书·张骞传》载："（于是）大角氏，出奇戏诸怪物，多聚观者。……令外国客偏观各仓库府藏之积，欲以见汉之广大，倾骇之。及加其眩者之工，而角氏奇戏岁增变，其益兴，自此始。"张衡在《西京赋》中描写"角抵之妙戏"盛况时，就罗列有乌获抗鼎、都卢寻橦、冲狭燕濯、戏车高橦、跳丸剑、走索等内容，同时角抵艺术常常与舞蹈、俳优戏同时进行演出。

　　东汉时每年正月接受朝臣和蛮、貊、胡、羌朝贡，都要举行朝贺之礼，在德阳殿前作"九宾散乐"演出包括角抵艺术在内的各种节目，深得各阶层官吏和民众的喜爱。

三
人
樽
上
倒
立
杂
技
俑

汉代

高 20 厘米

成都体育学院博物馆藏

　　樽圆形，深腹，平底，三足。三人
倒立于圆樽之上，两人手按樽沿，倒立，
一腿弯曲上伸，一腿相交为拱形成为底座，
另一人倒立于底座之上。该俑造型别致，
形象生动。

THREE-MAN HANDSTAND
PYRAMID ON WINE VESSEL
FIGURINE

The Han Dynasty

七盘舞杂技画像砖（拓片）

东汉
长 68、宽 43.5 厘米
四川彭州太平乡出土
四川博物院藏

DANCERS ON SEVEN DISHES
(BRICK RELIEF RUBBING)
The Eastern Han Dynasty

　　画面上左为 12 案重叠，一梳双髻女伎于案上表演"反弓"，重叠案数之多是现所仅见。右边一人表演跳丸，丸有三枚。中间一双髻女伎，手持长巾，踏鼓起舞，舞者足下倒覆七盘。女伎动作轻捷，舞步灵巧，长袖和裙边长带随舞姿飘拂，有"体如游龙""裙若飞燕"之状。

　　盘舞是汉至魏晋南北朝时期一种很盛行的乐舞，常用于宴飨。舞蹈时有歌相和，有乐伴奏。

杂技舞乐画像砖（拓片）

东汉

长 68、宽 54 厘米

四川大邑安仁镇出土

四川博物院藏

　　画面右上方一赤膊男子左肘跳瓶，右手持剑；其左一赤膊男子，双手跳丸，丸有六数。右下方一头上梳双髻的女子，手持长巾，婆娑而舞。其左一人右手握槌，击鼓伴奏。其身后有两个席地而坐、手持排箫的乐人，正在吹奏。左上方一男一女席地而坐，男者头上戴冠，身着宽袖长袍，长袖飘拂；女者头上着双髻，二人皆为观赏者。乐人身侧有二酒樽，樽中有勺。其右及左下角有二几。

象人之艺

　　象人之戏，亦称假形装扮。《汉书·礼乐志》记载，汉哀帝诏罢乐府时，丞相孔光、大司空何武奏言中提及当时乐府的情况，有"常从象人四人"和"秦倡象人员三人"，这里的"象"指装扮成动物或戴假面装扮成神仙、人物等形态进行表演的艺人。张衡《西京赋》载："戏豹舞罴，白虎鼓瑟，苍龙吹篪。"这些豹、罴、白虎、苍龙皆由"象人"装扮表演的，所扮演的动物、神仙、人物与某一特定的时代或故事情节紧密相连。这一时期的象人之戏丰富多彩，形式多样，常见的有"总会仙唱""东海黄公"等，这种"象人之戏"孕育了我国最早的戏曲节目，对后世有着深远的影响。今天不少的戏曲、舞台剧，乃至少数民族艺术仍然沿用这一表演艺术，所以汉晋三国时期的"象人之戏"在我国戏剧艺术发展史上有着相当重要的地位。

宴乐石刻（拓片）

东汉

长 265.5、宽 105.5 厘米

四川成都郫都区出土

四川博物院藏

　　拓于成都市郫都区出土石棺的左侧，画面为宴饮舞乐杂技图。拓片中部大厅内设席，席前置有食具，宾主五人坐成一排，正在欣赏乐舞杂技表演。左为乐舞杂技表演场地，右上一人正在旋盘，中间一人正在九个案上表演倒立，左边两人正在为杂技伴奏。下边为两舞者，正表演长袖踏鼓舞。

BANQUET MUSIC (STONE INSCRIPTION RUBBING)

The Eastern Han Dynasty

曼衍角抵石刻（拓片）

东汉

长 264.5、宽 104.5 厘米

四川成都郫都区出土

四川博物院藏

　　拓于成都市郫都区出土的一具石棺的右侧，描绘的是象人角抵和水嬉图（一说为傩神图），此为守护石棺，使墓主免受鬼魅侵害之意。拓片左上部为象人之戏，表演者共七人，均赤足、戴假面。

MASKED WRESTLERS (STONE INSCRIPTION RUBBING)

The Eastern Han Dynasty

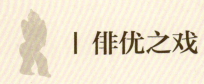

俳优之戏

　　俳优是指古代表演诙谐滑稽节目的艺人，先秦时期对乐人有俳优、倡优的称谓。东汉许慎《说文解字》："倡，乐也。俳，戏也。"《汉书·霍光传》："击鼓歌唱作俳倡。"颜师古注解："俳优，谐戏也。"因此俳优常以侏儒出演，以增观者笑料。他们大多身躯粗短、上身赤裸，以调谑、滑稽、讽刺的表演为主，并以此来博得主人和观赏者的欢笑。他们往往随侍主人左右，作即兴表演，随时供主人取乐。《汉书·东方朔传》记载："（汉武帝）时有幸倡郭舍人，滑稽不穷，常侍左右。"汉代贵族、豪强蓄养俳优之风甚盛，汉武帝"俳优侏儒之笑，不乏于前"。丞相田蚡"所爱倡优巧匠之属"。汉代画像石乐舞百戏图经常可见一些身躯粗短、上身赤裸、形象如动物的滑稽表演者。汉晋三国时期墓中也不乏此类形象的陶俑出土。

灰陶说书俑

东汉

底径 23、高 53.5 厘米

成都武侯祠博物馆藏

STORYTELLER FIGURINE,
GREY EARTHENWARE

The Eastern Han Dynasty

　　泥质灰陶，捏塑烧制而成。呈坐姿，头包巾，于额前系花结。面部丰满，眉开眼笑，额上笑出了四道皱纹，大鼻，张嘴。俑身微向后仰，耸肩，上身袒胸露乳，叠肚。右臂配环状饰物，左臂缚有响器。右手高举持鼓槌，鼓槌长 8.5、直径 1.6 厘米。下身着窄脚裤，赤脚，右腿向前伸直并抬起，左脚弯曲呈蹲坐姿，坐于一圆饼形底座上。

诗人幽忆，感物则思。
志之空闲，玩弄游意。
局为宪矩，棋法阴阳。
道为经纬，方错列张。
——东汉·李尤《围棋铭》

棋类活动，又称棋戏，是中国古代体育活动的重要内容。中国古代的棋类活动，早在商周时期就已开始出现，是一种通过在"局"上、"枰"上，或依靠牌局而进行的益智赛巧型竞技活动，承载着开启人们智慧，娱乐大众的积极作用。中国棋类活动效法天地运行、模仿军事战争，给下棋者以启迪，起到磨砺智慧、修养人生的教育作用，逐渐形成具有中国传统文化内涵的民族体育项目。汉晋三国是棋类活动细化并发展的重要时期，主要流行的种类有六博、围棋和弹棋等，涌现了不少如曹丕、王粲、费祎的棋艺高手，也出现了《博弈论》《围棋赋》等文学作品和专著，这些都为之后棋类活动的发展奠定了坚实的基础。

CHESS

Chess (or qixi), an important part of ancient Chinese sports, emerged as early as in the Shang and Zhou dynasties as competitive games of tactics played with chess pieces or cards to work the minds and entertain the public. Inspired by the motion of heavenly bodies and designed to simulate war, chess gradually evolves into a national sport of Chinese culture because it enlightens the players, improves people's wisdom and educates them on self-development.

| 六　博

六博，又作陆博，是中国古代一种掷采行棋的博戏类游戏，在汉代人们的享乐生活中占有重要地位，是游玩项目的一个重要组成部分。

汉代的六博棋具一般包含十二颗棋子（六黑六白）、至少六枚算筹（博箸）和绘有棋位的博局（棢），以吃子为胜，是早期的兵种棋戏，因使用六根博箸所以称为六博。汉代朝廷里设有博侍诏职位，《汉书·游侠传》记载汉宣帝与陈遂相随博弈，即位后便对其委以高官。同时擅长六博已成为一项专长，善博的人在社会上往往享有较高的地位并受到人们的尊敬。《西京杂记》记载许博昌创作了六博的记忆口诀，"三辅儿童皆诵之"，足见六博的盛行。

魏晋之后，六博棋逐渐衰落，最终失传。但是六博对后来的棋类产生了深远的影响，中国各类传统的棋类游戏中还可以看到六博的痕迹，如棋子多用带花纹的长方形、游戏参与者多为两人等。

马王堆汉墓出土六博棋具

　　1974 年长沙马王堆三号墓出土，是现存最早、最完整的一套博具。此套博具包括 1 件正方形漆盒、1 件方形髹黑漆木博局、30 根象牙箸状短筹码、12 根象牙箸状长筹码、12 枚黑白象牙大棋子、18 枚小棋子、1 件小木铲、1 件象牙削刀、1 件环首角质刻刀、1 件球形十八面体骰子。博具盒边长 45、高 17 厘米。盒面上刻有飞鸟及云气纹，用朱漆描绘几何纹，牙条镶嵌出中心及四周方框，作"L"形或"T"形的 12 个曲道及 4 个飞鸟图案。盒底设有长方形、方形和椭圆形的小格以放置棋子等物品。骰子为十八面体，每面分别刻出一至十六数字和"骄""妻畏"两字。

骰子　　　　　　　　　　　　湖南长沙马王堆六博棋具

海昏侯墓出土简牍中六博棋谱

　　汉晋墓葬中常见六博棋具，但行棋规则早已失传。海昏侯墓出土简牍中，首次发现了六博棋谱，结合既往所见六博棋具实物与画像石图像资料，有助于复原六博的游戏规则。

　　海昏侯墓发现的六博简文有篇题，篇题之下以"青""白"指代双方棋子，依序落在相应行棋位置（棋道）之上，根据不同棋局走势，末尾圆点后均有"青不胜"或"白不胜"的判定。简文所记棋道名称，可与《西京杂记》所记许博昌所传"行棋口诀"、尹湾汉简《博局占》、北大汉简《六博》等文献记载基本对应。

绿釉陶六博俑

汉代

长 28、宽 19.2、高 24.2 厘米

河南灵宝张湾汉墓出土

河南博物院藏

　　红陶胎，通体施绿釉。模制。两俑与盘皆设置在一张坐榻上，两俑之间置一长方盘。盘上置博局，其旁置六根长条形箸。博局两边各有六枚方形棋子，中间有两枚圆"鱼"，两俑跽坐于两端对博。

六博俑

汉代

俑高 10 ～ 10.5 厘米

棋盘长 14.5、宽 10.7 厘米

成都体育学院博物馆藏

LIUBO PLAYER FIGURINES

The Han Dynasty

六博龙马纹边砖

东汉

长 37.8、宽 34.3、高 8 厘米

四川什邡收集

四川博物院藏

LIUBO BRICK WITH THE
DRAGON-HORSE PATTERN

The Eastern Han Dynasty

　　砖为长方形，一横头为六博图，另一横头为龙马纹图。

仙人六博画像砖（拓片）

东汉

长 45.5、宽 25 厘米

四川彭州义和乡征集

四川博物院藏

画面上二仙人踞坐对弈。中间设局，有六箸。二人赤身有羽，左者双手高举作惊喜状。右者左手侧曲、右手前伸，凝视棋局。

IMMORTAL
LIUBO PLAYERS
(BRICK RELIEF RUBBING)

The Eastern Han Dynasty

围 棋

　　围棋，古称弈，有"棋之始祖"之誉，传尧为其子丹朱所创。汉晋时期是围棋的重要发展时期，涌现出不少棋艺高手，曹操、孙策、陆逊等人都喜爱围棋，尤以曹操技艺最精，他认为下棋若打仗，并用战争术语来描写围棋的厮杀，因此围棋逐步成为贵族们教育子弟掌握军事知识的重要工具。为了评定棋艺的高低，还制定了评价标准，《艺经》记载："夫围棋之品有九：一曰入神，二曰坐照，三曰具体，四曰通幽，五曰用智，六曰小巧，七曰斗力，八曰若愚，九曰守拙。"

　　同时，民间有关围棋的基本理论和实战理论也逐渐丰富起来，班固《弈旨》、马融《围棋赋》均有涉及。敦煌写本《棋经》："汉图一十三势""吴图廿四盘"出现了棋谱的收集和整理。在制式方面，十九道棋局开始流行于南方地区，而十七道棋局则流行于北方地区。

围棋罐、围棋子

汉代
罐高 12 厘米
棋子直径 1.1 厘米
成都体育学院博物馆藏

CHESS CONTAINER
AND PIECES
The Han Dynasty

汉晋三国时期围棋人物简表

人 物	时 代	历史记载
杜 陵	汉	《西京杂记》："杜夫子善弈棋，为天下第一。或讥其费日，夫子曰：'精其理者，足以大裨圣教。'"
刘 去	汉	《汉书·景十三王传》："去即缪王齐太子也，师受《易》《论语》《孝经》皆通，好文辞、方技、博弈、倡优。"
刘 询	汉	《汉书·游侠传》："陈遵字孟公，杜陵人也。祖父遂，字长子，宣帝微时与有故，相随博弈，数负进。及宣帝即位，用遂，稍迁至太原太守，乃赐遂玺书曰：'制诏太原太守：官尊禄厚，可以偿博进矣。妻君宁时在旁，知状。'遂于是辞谢，因曰：'事在元平元年赦令前。'其见厚如此。元帝时，征遂为京兆尹，至廷尉。"
班 固	汉	《太平御览·工艺部》："班固《弈指》曰：'北方之人谓棋为弈。弘而说之，举其大略，义亦同矣。局必方正，象地则也；道必正直，体明德也。其有黄黑，阴阳分也；骈罗列布，效天文也。四象既陈，行之在人，盖王政也。法则臧否，为仁由己，道之正也。'"
曹 操	曹魏	《三国志·魏书·武帝纪》裴松之注引张华《博物志》："冯翊山子道、王九真、郭凯等善围棋，太祖皆能与埒能。"
孔 桂	曹魏	《三国志·魏书·明帝纪》："桂性便辟，晓博弈、蹋鞠，故太祖爱之；每在左右，出入随从。"
王 粲	曹魏	《三国志·魏书·王粲传》："观人围棋，局坏，粲为覆之。棋者不信，以帕盖局，使更以他局为之。用相比校，不误一道。"
曹 丕	曹魏	《世说新语·尤悔第三十三》："魏文帝忌弟任城王骁壮，因在卞太后阁共围棋，并啖枣。"
费 祎	蜀汉	《三国志·蜀书·费祎传》裴松之注引《祎别传》："常以朝晡听事，其间接纳宾客，饮食嬉戏，加之博弈；每尽人之欢，事亦不废。"

来 敏	蜀汉	《三国志·蜀书·费祎传》："延熙七年，魏军次于兴势；假祎节，率众往御之。光禄大夫来敏至祎许别，求共围棋。"
顾 雍	孙吴	《世说新语·雅量》："豫章太守顾劭，是雍之子。劭在郡卒，雍盛集僚属，自围棋。外启信至，而无儿书，虽神气不变，而心了其故，以爪掐掌，血流沾褥。"
陆 逊	孙吴	《三国志·吴书·陆逊传》："嘉禾五年，权北征，使逊与诸葛瑾攻襄阳。逊遣亲人韩扁赍表奉报还，遇敌于沔中，钞逻得扁。瑾闻之甚惧，书与逊云：'大驾已旋，贼得韩扁，具知吾阔狭，且水干，宜当急去！'逊未答，方催人种葑、豆，与诸将弈棋射、戏如常。"
孙 和	孙吴	《三国志·吴书·孙和传》常言："当世士人宜讲修术学，校习射御，以周世务；而但交游博弈以妨事业，非进取之谓。"
韦 曜	孙吴	《三国志·吴书·孙和传》："后群寮侍宴，言及博弈……乃命侍坐者八人，各著论以矫之。于是中庶子韦曜退而论奏，和以示宾客。"
蔡 颖	孙吴	《三国志·吴书·韦曜传》："时蔡颖亦在东宫，性好博弈。太子和以为无益，命曜论之。"
严 武	孙吴	《三国志·吴书·赵达传》裴松之注引《吴录》："严武字子卿。卫尉峻再从子也。围棋莫与为辈。"
裴 遐	晋	《晋书·裴秀传》："绰子遐，善言玄理。音辞清畅，泠然若琴瑟。尝与河南郭象谈论，一坐嗟服。又尝在平东将军周馥坐，与人围棋。馥司马行酒，遐未即饮，司马醉怒，因曳遐坠地。遐徐起还坐，颜色不变，复棋如故。"
王 戎	晋	《晋书·王戎传》："戎在职虽无殊能，而庶绩修理。后迁光禄勋，吏部尚书，以母忧去职。性至孝，不拘礼制，饮酒食肉，或观弈棋，而容貌毁悴，杖然后起。"
阮 籍	晋	《晋书·阮籍传》："性至孝，母终，正与人围棋，对者求止，籍留与决赌。既而饮酒二斗，举声一号，吐血数升。"
葛 洪	晋	《晋书·葛洪传》："性寡欲，无所爱玩，不知棋局几道，摴蒱齿名。"
谢 安	晋	《晋书·谢安传》："安遂命驾出山墅，亲朋毕集，方与玄围棋赌别墅。安常棋劣于玄，是日玄惧，便为敌手而又不胜。安顾谓其甥羊昙曰：'以墅乞汝。'安遂游涉，至夜乃还，指授将帅，各当其任。玄等既破坚，有驿书至，安方对客围棋，看书既竟，便摄放床上，了无喜色，棋如故。客问之，徐答云：'小儿辈遂已破贼。'既罢，还内，过户限，心喜甚，不觉屐齿之折，其矫情镇物如此。以总统功，进拜太保。"

— 弹 棋 赋 —

三国·曹丕

　　惟弹棋之嘉巧，邈超绝其无俦。苞上智之弘略，允贯微
而洞幽。局则荆山妙璞，发藻扬晖。丰腹高隆，庳根四颓。
平如砥砺，滑若柔荑。棋则玄木北干素树西枝。洪纤若一，
修短无差。象筹列植，一据双螭。滑石雾散，云布四垂。然
后直叩先纵，二八次举。缘边间造，长邪迭取。尔乃详观夫
变化之理，屈伸之形。联翩霍绎，展转盘萦。或暇豫安存，
或穷困侧倾。或接党连兴，或孤据偏停。于时观者莫不虚心
竦踊，咸侧息而延伫。或雷抃以大噱，或战悸而不能语。

古有行道人，陌上见三叟。
年各百余岁，相与锄禾莠。

——三国·应璩《三叟长寿歌》

　　"养生"一词，最早出现于战国时期庄子所著《庄子》内篇，意在保养生命，又被称作"保生""摄生""道生"等，是中国古代通过身心运动来追求健康长寿的思想、理论和实践体系，包含导引术、行气术以及日常生活保健等内容。导引术强调运动养生，将肢体运动、呼吸运动和自我按摩相结合以强身健体、治疗疾病。行气术以呼吸运动和精神锻炼为特色，包含一系列身心锻炼方法。二者成为中国古代体育养生学的两大体系。日常生活保健以预防为主，防患于未然，不治已病治未病。汉晋三国时期，养生体育已经普遍开展，养生体育思想开始逐步成熟，出现了导引图、五禽戏等一系列养生成果。

HEALTH PRESERVATION

The term "health preservation" was first found in the inner chapters of the book *Zhuangzi* during the Warring States Period. Also known as "baosheng", "shesheng", or "daosheng", health preservation is characterized by a system of thoughts, theories and practices embodied by physical and philosophical activity, involving primarily *qi* flux regulation, *qi* balancing and everyday health management. *Qi* flux regulation emphasizes exercises for health, combining physical exercises, breathing exercises and self-massage to strengthen the body and treat diseases.

| 导引图

　　马王堆三号汉墓出土《导引图》，原帛画长约 100 厘米，与前段帛书相连，画高 40 厘米。描绘了 44 个不同性别、年龄的人进行各种导引的动作和姿态。肢体运动形式既有立式导引，也有步式和坐式导引；既有徒手的导引，也有使用器物的导引；既有配合呼吸运动的导引，也有纯属肢体运动的导引；此外还有大量模仿动物姿态的导引。其中 31 处以文标注动作名称或功用，是既具有健身功能又有治病之效的养生操。

　　《导引图》中出现了现代体操运动中的很多基本动作，是迄今我国所发现的最早、最完整的古代体操图样。

《导引图》局部

丨五禽戏

　　"五禽戏"是东汉医学家华佗在《庄子》"二禽戏"的理论和实践的基础上，根据鹰、鹿、虎、猴和熊的动作特点，结合穴脉原理，创造的一套医疗体操。其名称及功效据《后汉书·方术列传·华佗传》记载："吾有一术，名五禽之戏：一曰虎，二曰鹿，三曰熊，四曰猿，五曰鸟。亦以除疾，兼利蹄足，以当导引。体有不快，起作一禽之戏，怡而汗出，因以著粉，身体轻便而欲食。普施行之，年九十余，耳目聪明，齿牙完坚。"习之可促进血液循环，使全身关节和肌肉得到舒展，以达到增强体质、预防疾病的目的。魏晋南北朝时期，华佗的五禽戏有了很大发展，各种导引术专著和导引图相继出现，名目更加繁多。晋代葛洪在《抱朴子》一书中记载有"龙导、虎引、熊经、龟咽、鸟伸、猿据"等各种名称。

虎　　　　鹿

熊　　　　猿　　　　鸟

《内外功图说辑要》载"五禽舞行功法图说"

红陶裸体男俑

西汉
高 13.5 厘米
河南博物院藏

NAKED MALE FIGURINE,
RED EARTHENWARE

The Western Han Dynasty

　　红陶胎。手制。俑呈站姿，双目紧闭，浑身赤裸。右手平握，左手残断，双腿分开与肩同宽。头部与足部绘有黑彩以表现头发与鞋子。

｜养生方

　　帛书《养生方》是迄今最古老的养生学专科文献。现存 3000 余字，共有 80 余个医方，其中有食疗、食养方，有内治方，有外用、外治方。内容主要与防治衰老、增进体力、滋阴壮阳、房事补益、美容黑发等相关。该书强调饮食疗法，记载了中国最古的药酒酿方，对于了解古代养生学具有重要价值。

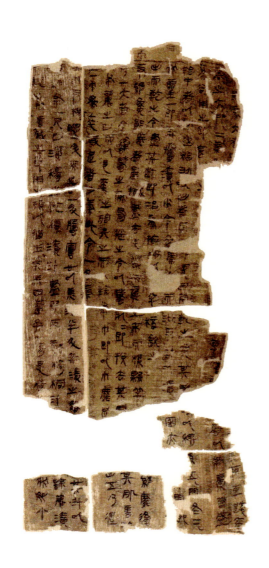

帛书《养生方》（局部）　　　　　　　　　　　　　帛书《养生方》（局部）

红陶斜顶俑

西汉
高 10.5 厘米
河南博物院藏

FIGURINE,
RED EARTHENWARE
The Western Han Dynasty

　　红陶胎。俑头、手着地。腹部前鼓，两腿上举、向后平伸，与躯干部分几乎成 90° 夹角。

灰陶气功舞俑

汉代

高 22.5 厘米

河南博物院藏

灰陶胎。该俑结发辫并盘髻于头顶、袒胸、鼓腹，向右侧跨步、右手伸向前上方、双目注视前方，仿佛在全力运气。

QIGONG PRACTITIONER FIGURINE, GREY EARTHENWARE

The Han Dynasty

戏——百戏起龙鱼 Leisure Games

一三九

「永寿无疆」瓦当

汉代
直径 15、高 2.7 厘米
1977 年捐赠
四川博物院藏

　　灰陶，质硬。圆形，当心一凸起珠纹，
四周为一环形纹，外加乳丁纹，再绕环纹，
环外二弦直线四出，分列"永寿无疆"四字
阳文。

参考文献

一、专著

1. （晋）陈寿撰，（宋）裴松之注：《三国志》，中华书局，2015 年。

2. （宋）刘义庆撰，朱碧莲、沈海波译注：《世说新语》，中华书局，2014 年。

3. （宋）李昉等撰：《太平御览》，中华书局，2013 年。

4. （汉）刘向：《战国策》，中华书局，2007 年。

5. （汉）班固撰：《汉书》，中华书局，2016 年。

6. （南朝）范晔撰：《后汉书》，中华书局，1965 年。

7. （唐）房玄龄等撰：《晋书》，中华书局，1974 年。

8. （唐）魏征等撰：《隋书》，中华书局，1973 年。

9. （唐）欧阳询撰：《艺文类聚》，上海古籍出版社，1985 年。

10. （南朝）萧统编：《文选》，贵州人民出版社，1994 年。

11. （汉）刘歆等撰：《西京杂记》，上海古籍出版社，2012 年。

12. 费振刚、胡双宝、宗明华：《全汉赋》，北京大学出版社，1997 年。

13. 金爱秀：《汉代斗兽试析》，《中国汉画学会第十届年会论文集》，湖北人民出版社，2006 年。

14. 萧亢达：《汉代乐舞百戏艺术研究》，文物出版社，2010 年。

15. 孙机：《汉代物质文化资料图说》，上海古籍出版社，2015 年。

16. 中国国家博物馆：《文物秦汉史》，中华书局，2015 年。

17. 天津博物馆：《动·境——中国古代体育文物展》，科学出版社，2017 年。

18. 湖南省博物馆：《长沙马王堆汉墓陈列》，中华书局，2017 年。

19. 朱大渭、刘驰、梁满仓、陈勇：《魏晋南北朝社会生活史》，中国社会科学出版社，2019 年。

二、学位论文

1. 王淑琴：《蹴鞠与中国古代社会》，山东师范大学硕士学位论文，2008 年。

2. 揣静：《中国古代投壶游戏研究》，陕西师范大学硕士学位论文，2010 年。

3. 田志生：《中国古代蹴鞠发展演变的研究》，北京体育大学硕士学位论文，2010 年。

4. 王志松：《两汉军事训练研究》，河北师范大学硕士学位论文，2011 年。

5. 秦立凯：《汉代西南体育地理研究》，西南大学博士学位论文，2013 年。

6. 贺仪：《魏晋六朝围棋与文学》，上海师范大学硕士学位论文，2013 年。

7. 陈子：《从蹴鞠文物看蹴鞠运动的发展演变》，河南大学硕士学位论文，2014 年。

8. 吕倩岚：《从古礼到游戏——投壶文献汇纂及研究》，山东大学硕士学位论文，2016 年。

9. 刘丽婷：《汉代六博及相关问题研究》，南京大学硕士学位论文，2017 年。

10. 金银：《战国至秦汉时期六博棋具研究》，西北大学硕士学位论文，2018 年。

"兵技巧"与两汉时期的军事体育

文/郝勤　成都体育学院首席教授，体育史研究所所长兼博物馆馆长

　　"兵技巧"出自《汉书·艺文志》，是两汉时期军队将士体能、技能素质的总称。汉代"兵技巧"包括"习手足""便器械""积机关"三大内容。其中除"积机关"属于军事工程学领域外，"习手足"为军队体能训练，"便器械"是使用兵器的技能训练，宋明时期统称为"武艺"。军事体育是军事训练的重要内容之一，指根据战争需要而对军队将士体能与冷兵器操作技能形成的训练体系。中国古代体育的射御、射礼、弓射、弩射、骑射、狩猎、剑道、蹴鞠、击鞠（马球）、角抵等都与军事体育有关。军事体育也是现代体育的源头之一。现代体育的三大源头就包括源起于普鲁士军事训练传统的德国体操。两汉时期是中国古代战争的重要转型与变革时期。这一时期的汉匈战争改变了先秦时期的战争形态，推动了军事训练手段与方式的变革，形成了汉代"兵技巧"形式的军事体育训练体系。

一、两汉时期的"兵技巧"

　　"兵技巧"一词出自《汉书·艺文志》，是汉代军事训练与技艺的统称。《汉书·艺文志》将兵法分四家，分别为兵权谋、兵形势、兵阴阳、兵技巧。其中"兵技巧十三家，百九十九篇"，计有射法八家（《逢门射法》二篇、《阴通成射法》十一篇、《李将军射法》三篇、《魏氏射法》六篇、《强弩将军王围射法》五卷、《望远连弩射法具》十五篇、《护军射师王贺射书》五篇、《蒲苴子弋法》四篇）、剑法一家（《剑道》三十八篇）、手搏一家（《手博》六篇）、蹴鞠一家（《蹴鞠》二十五篇）。另外归类于"兵技巧"的还有《鲍子兵法》十篇、图一卷，《伍子胥》十篇、图一卷，《公胜子》五篇，《苗子》五篇、图一卷。上述典籍均亡佚，仅存书目。但既归类于"兵技巧"，可见与军事训练、军事技能有关。《汉书·艺文志》对"兵技巧"的定义是"技巧者，习手足，便器械，积机关，以立攻守之胜者也。"[1] 根据其"兵技巧"书目来看，手搏、蹴鞠、剑道等应属于"习手足"范围，乃身体素质和体能训练方法。弓射、弩射等射法属于"便器械"一类，是与身体素质相关的冷兵器技能训练方法。而"积机关"则是修筑关寨、营垒、城池、沟壕一类工程学方法。

　　"习手足"与"便器械"是汉王朝军事训练的核心。汉代实行征兵制，成年男性皆须入伍从戎。残酷的汉匈战争对汉军将士的体能和技能要求很高，由此形成从民间到军队的军事训练体系。汉制规定："非教士不得从征"，"士不素习，不得应召"[2]。基层地方官吏如尉、游徼、亭长等都担

---

[1]　（汉）班固：《汉书·艺文志》，中华书局，1962年，第1762页。

[2]　（宋）范晔：《后汉书·百官志》注引《百官仪》，中华书局，1982年，第3624页。

负着属地成年男子"教习五兵"的职责[1]。这种"教士""素习"的实践体系就是"兵技巧"。

后人称两汉的"兵技巧"为"武艺"。《三国志·蜀书·刘封传》："（刘封）有武艺，气力过人。"[2]北宋《武经总要》："凡军众既具，则大将勒诸营，各选精锐之士，须矫健出众，武艺轶格者，部为别队。"[3]宋代武举考试科目包括"兵学"与"武艺"两类，"武艺则试于殿前司，及殿试，则又试骑射及策于庭。"[4]明人何良臣《阵纪》："故善练兵之胆气者，必练兵之武艺。"[5]明代戚继光《练兵实纪·练手足第四》："凡武艺，务照示习敌本事，真可搏打者，不许仍学花法。"[6]上述"兵技巧"或"武艺"都是战争的产物，是军队有组织的单兵体能、技能训练与考核机制，属于军事体育与军事训练范畴。这与民间社会的"拳法""拳棒""技击""武术"是不同的。

这里需要区分一下古代文献中的"武艺"与今人所说的"武术"的差别。"武术"这一说法出现于清末民初，是流行于民间的个人攻防搏击之术。其称谓历代有所不同，汉代称之为"手搏"，明戚继光《纪效新书》称为"拳法""拳术"，明清小说如《水浒传》等称为"拳脚""拳棒"等，清末称为"技击"，民国称为"国术"。清末民初，徐珂辑撰《清稗类钞·战事类》有冯氏"自幼好武术"之说。民初马良创编刊行《中华新武术》，"武术"一词逐渐流行开来。现代统称的"武术"是一种以技击技术为特征，具有健身、教育、竞技、表演等功能的民族传统体育活动。

武艺与武术的区别在于，前者的场域是战争，后者的场域是民间社会。前者的载体是军队，后者的载体是个体。前者的主要目的是在战场上御敌，而后者的主要功能是防身、健身和表演等，两者有一定联系，但不可混为一谈。照戚继光的说法，"拳术似无预于大战之技"，但作为一种"活动手足，惯勤肢体"的方法，可成为"初学入艺之门"[7]，在军事训练中有一定价值。这与汉人对"手搏"的认知是一致的。

虽然在中国数千年历史中，"国之大事，在祀与戎"，战争和武备是事关国家与政权生死存亡的大事，但由于古代史家的政治史学传统和儒家"重文轻武"主流文化，历史的书写者通常会有意无意忽略或"滤掉"军事训练和军队体能、技能训练等内容细节，加之中国古代的"兵书"又多重思想谋略，对军队的体能、技能训练多不涉及，以至于晚清曾国藩、左宗棠等文人在练兵实践中，发现只有明代戚继光的《纪效新书》《练兵实纪》等极少书籍可资参考。从这一点看，《汉书·艺文志》中的"兵技巧"书目实在难得。

二、"习手足"与手搏、剑道及蹴鞠

《汉书·艺文志》"兵技巧"有《手搏》六篇、《剑道》三十八篇、《蹴鞠》二十五篇。这些技艺都不是战争中的实用技能，而是两汉军队中"习手足"的方法手段，明戚继光《纪效新书》与

[1]（宋）范晔：《后汉书·百官志》，中华书局，1982年，第3624页。

[2]（晋）陈寿：《三国志·蜀书·刘封传》，中华书局，1982年，第991页。

[3]（宋）曾公亮、（宋）丁度：《武经总要·军制·选锋》，商务印书馆，2017年，第9页。

[4]（元）脱脱：《宋史》卷一五七《选举三》，中华书局，1977年，第3680页。

[5]（明）何良臣：《阵纪注释》卷一《募选》，解放军出版社，1992年，第14页。

[6]（明）戚继光：《练兵实纪·练手足第四》，中华书局，2001年，第87页。

[7]（明）戚继光：《纪效新书》卷六《比较武艺赏罚篇》，中华书局，2000年，第92页。

《练兵实纪》称为"练手足"，包括"练兵之力""练手之力""练足之力""练身之力"等[1]。

1. 手搏

"手搏"即不用器械兵器的徒手格斗之术。明代戚继光称之为"拳法"，相当于现代武术中的拳术。汉代的《手搏》六篇亡佚，其内容已不可考。现仅能在江苏徐州、河南南阳等地画像石、砖中可以看到一些手搏的图像。成都体育学院博物馆收藏有汉代手搏陶俑。

手搏虽然不是战场上的实用技能，但作为"习手足"的手段、方法引入军队训练体系。戚继光指出："大抵拳、棍、刀、枪、叉、钯、剑、戟、弓矢、钩镰、挨牌之类，莫不先由拳法活动身手。其拳也，为武艺之源。"[2]在戚继光看来，冷兵器时代的战争高度依赖将士的个人勇气、力量、速度、灵敏、耐力等综合身体素质与骑射格斗技艺，而这些军人所需要的身体素质须以"拳法"作为初始入门和训练手段，"拳法似无预于大战之技。然活动手足，惯勤肢体，此为初学入艺之门也。"[3]为什么"手搏"或"拳法"能够提高军队将士的身体素质？戚继光基于他的练兵实践做了阐释："学拳要身法活便，手法便利，脚法轻固，进退得宜，腿可飞腾。而其妙也，颠番倒插；而其猛也，披劈横拳；而其快也，活捉朝天；而其柔也，知当斜闪。"[4]戚继光关于"拳法"与军队训练的关系论述可以为《汉书·艺文志》将"手搏"归于"兵技巧"提供解释。

2. 剑道

《汉书·艺文志》"兵技巧"中有《剑道》三十八篇。仅就篇数来看，是"兵技巧"书目中篇数最多的，由此可以想见该书内容之丰富。惜乎该书亡佚，难窥其真貌。

剑是一种古老的兵器。从商周至战国时期，以击刺为技术特征的青铜剑是军队近战防身的制式短兵。西汉时期随着冶铁业的发展，短小的青铜剑为铁制长剑所取代，剑的硬度提升，剑身加长，具有更强的杀伤力。但随着铁制兵器的发展和骑兵作战的需要，以砍杀为技术特征的环首铁刀在战场上表现出更强大的威力，剑逐渐退出战场而成为贵族男子佩带的武勇符号与象征性佩饰，如汉初韩信身为布衣平民"好带刀剑"就受到耻笑羞辱。

剑虽然退出了战场，但仍是一种防身利器。三国时期曹操曾被叛兵所围，"太祖手剑杀数十人，余皆披靡。"[5]其子文帝曹丕"善骑射，好击剑"[6]。据曹丕《典论·自叙》，至迟到汉末三国时期剑术已经出现了不同流派，"四方之法各异，以京师（洛阳）为善"。曹丕的剑术传承自史阿，而史阿剑术师承王越。曹丕曾与武技名家邓展以甘蔗代剑比试技艺并轻松将对手击败。[7]可见，剑术在汉代虽然不再是战场之技，但仍然是上层社会流行的"武文化"和防身之术，并有不同的流派传承，这或许就是《汉书·艺文志》将《剑道》三十八篇列入"兵技巧"的背景与原因。但宋代的《武

---

[1]（明）戚继光：《纪效新书》卷六《比较武艺赏罚篇》，中华书局，2000年，第92页。

[2]（明）戚继光：《纪效新书·拳经捷要篇第十四》，中华书局，2000年，第231页。

[3]（明）戚继光：《纪效新书·拳经捷要篇第十四》，中华书局，2000年，第224页。

[4]（明）戚继光：《纪效新书·拳经捷要篇第十四》，中华书局，2000年，第224页。

[5]（晋）陈寿：《三国志·魏书·武帝纪》引《魏书》，中华书局，1982年，第8页。

[6]（晋）陈寿：《三国志·魏书·文帝纪第二》引《魏书》，中华书局，1982年，第57页。

[7]（晋）陈寿：《三国志·魏书·文帝纪》，裴松之注引《典论》，中华书局，1982年，第92页。

经总要》和明代戚继光《纪效新书》《练兵实纪》都没有提到剑术，明俞大猷所著《剑经》内容也是棍术。这说明宋明时期剑术在军队中已完全没有地位，这与汉代仍将其列入"兵技巧"是不同的。

3．蹴鞠

蹴鞠是中国古代的足球运动，文献最早记载见于《战国策·齐策》和《史记·苏秦列传》："临淄甚富而实，其民无不吹竽鼓瑟，弹琴击筑，斗鸡走狗，六博蹴鞠者。"[1] 从文中看，战国时期流行于齐国的蹴鞠只是一种民间游戏娱乐活动。至汉代，蹴鞠演变为三种形式：一是民间传统娱乐游戏，即桓宽《盐铁论·国疾》中所谓"康庄驰逐，穷巷蹴鞠"[2]；二是在宴会等场所进行的蹴鞠表演，表演者一般是女性，所踢之鞠应为轻盈的毛线球（敦煌出土有汉代毛线球）；三是军事体育项目，即《汉书·艺文志》列入"兵技巧"的《蹴鞠》二十五篇。

班固将蹴鞠列入"兵技巧"反映了这项运动在汉代军队广泛开展的现实。史载霍去病率军在西域与匈奴作战时就曾在军中"穿域蹋鞠"[3]。从军事训练角度来看，汉代作为"习兵之执"[4] 的蹴鞠应是一类对抗性很强的竞技活动。其运动形式见于东汉李尤《鞠城铭》："圆鞠方墙，仿象阴阳。法月衡对，二六相当。建长立平，其例有常。不以亲疏，不有阿私。端心平意，莫怨其非。鞠政由然，况乎执机。"[5] 据此铭可知，汉代蹴鞠比赛有专用场地（鞠城），两边分设半圆形的球门（法月衡对），两队各出六人参加比赛（二六相当），以将鞠踢进对方球门（鞠室）为胜。比赛有规则（鞠政）、有裁判，要求公平的竞争。李尤《后汉书》无传，其《鞠城铭》为唐人欧阳询收于《艺文类聚》的《刑法部》，表现了汉代蹴鞠所包含的公平竞争要素与法制理念。

三国魏明帝曹叡在许昌修建景富殿，宫前建有蹴鞠场。明帝命何晏作《景福殿赋》说："其西则有左城右平，讲肄之场。二六对陈，殿翼相当。僻脱承便，盖象戎兵。察解言归，譬诸政刑。将以行令，岂唯娱情。"《文选》引三国魏卞兰《许昌宫赋》："设御座于鞠域，观奇材之曜晖。二六对而讲功，体便捷其若飞。"《文选》引汉人刘歆《七略》："蹋鞠，兵势也……其法律多微意，皆因嬉戏以讲练士。至今军士羽林无事，使得蹋鞠。"[6] 何晏《景福殿赋》显示直至汉末三国时期，蹴鞠仍是宫中"象兵""练士"的"兵技巧"表演与象征"譬诸政刑"的"公平竞争"竞技活动。

汉代作为"兵技巧"的蹴鞠与唐宋蹴鞠（包括现代足球）的最大区别在于所踢的是实心球而非充气球。《汉书·艺文志》颜师古注："鞠以韦为之，实以物，蹴蹋之以为戏也。"[7] 从运动学角度来看，实心球的球体较沉，只能贴地滚动，速度较慢，因而其场地（鞠城）不会很大。实心鞠（球）决定了汉代"兵技巧"蹴鞠的特征：双方共十二个强壮的军士在较小的场地内争踢一个实心皮球，比赛中双方不仅需要阻挡、掩护、拦截等攻防战术，而且身体对抗非常激烈。那些身材魁梧强悍、上肢力量和冲撞能力强大者在比赛中具有更大的对抗优势。而这些正是古代军队对将士身体

---

[1] （汉）司马迁：《史记·苏秦列传》，中华书局，1982 年，第 2258 页。

[2] （汉）桓宽：《盐铁论·国疾》，中华书局，2015 年，第 109 页。

[3] （汉）司马迁：《史记·卫将军骠骑列传》，中华书局，1982 年，第 2921 页。

[4] （汉）司马迁：《史记·苏秦列传》集解引注，中华书局，1982 年，第 2258 页。

[5] （唐）欧阳询：《艺文类聚》卷五十四《刑法部》，上海古籍出版社，1982 年，第 970 页。

[6] （梁）萧统编，（唐）李善注：《文选》，中华书局，1981 年，第 177 页。

[7] （汉）班固：《汉书·艺文志》，中华书局，1976 年，第 1762 页。

素质的要求。相对而言，踢充气球的唐宋蹴鞠和现代足球则更需要运动员具备速度、灵敏、柔韧等素质以及运球、控球等技巧。正因为如此，汉代刘向《别录》才认为"蹴鞠，兵势也，所以练武士知有材也。"[1] 颜师古也认为"蹴鞠，陈力之事，故附于兵法焉。"[2]

蹴鞠作为军队训练手段一直延续到汉末三国。晋人虞预《会稽典录》载，汉末"三国鼎峙，年兴金革，士以弓马为务，家以蹴鞠为学，于是名儒洪笔绝而不续。"[3] 虞预认为，由于汉末战祸连绵，中原板荡，上层士人被迫弃诗书而习弓马，在家蹴鞠健身习武，以至于文事荒废，儒学不兴。虞预将蹴鞠与弓马相对应，表明至汉末蹴鞠仍被视为"兵技巧"之一。

三、"便器械"与射法

"强弓劲弩"是冷兵器时代的"战场之王"。汉代称操作弓、弩的技术为"射法"，在"兵技巧"中占有重要地位。《汉书·艺文志》兵技巧十三家，射法即占八家，其中弓射六家、弩射两家。这些有关弓射和弩射的著述属于"兵技巧"中"便器械"的方法。遗憾的是这些有关射法的书均已亡佚，只能从书名中看到射法在汉代军队训练中的重要意义与地位。

1. 汉代的弓射

射法从器械上分为弓射与弩射。弓射从技术上可分为步射、车射、骑射三种。步射是最基本的射法，周代贵族的"射礼"都是步射。商周至春秋时期因车战为主要战争形态，因而车射是重要的技艺。战国秦汉时期随着社会制度的变革及战争规模的扩大，步战取代了车战，步兵成为中原战场上的主要兵种，步射也就取代车射成为军队主要的作战技能。

两汉时期的汉匈战争促使弓箭制作与弓射技术发生了很大变化，一是铜铁质镞取代了先秦时期的青铜镞，并有三棱形、倒钩形等多种形制，增强了战场杀伤力。二是弓的制作更加精良，且成为制式化武器。在阜阳汝阴侯墓、邗江胡场五号墓、居延甲渠候官遗址、新疆雅尼遗址等考古发掘中都出土了汉代复合弓的实物。这些弓长130～140厘米，或竹胎或木胎，内附牛角片，身髹黑漆，附有鎏金铜弓弭，反映了汉弓制造水平。[4] 三是弓射不仅是汉军的基本训练项目，而且形成秋季考校制度。《后汉书·光武帝纪下》李贤注引《汉官仪》："高祖命天下郡国选能引关蹶张，材力武猛者，以为轻车、骑二、材官、楼船，常以立秋后讲肄课试，各有员数。"[5] 表明汉代车兵（轻车）、骑兵（骑士）、步兵（材官）和船兵（楼船）都要挑选身强力壮，能够开弓张弩的勇士，并加以严格的训练和考校。

与游牧民族自幼骑射不同，对于成年汉族男子而言，学会射箭需要进行严格的有组织的体能训练和技能训练。首先射手开弓引弦需要强大的上肢力量（臂力），"故始学射，必先学持满，须能制其弓，定其体，后乃射之。"[6] 其次射箭需要很高的技巧，"凡矢量其弓，弓量其力，无动容，

---

[1] （宋）范晔：《后汉书·梁冀传》，中华书局，1982年，第1178页。

[2] （汉）班固：《汉书·艺文志》，中华书局，1976年，第1762页。

[3] （宋）李昉等撰：《太平御览》卷七五四《工艺部》引《会稽典录》，中华书局，1983年，第3349页。

[4] 杨泓：《中国古兵器论丛》，中国社会科学出版社，2007年，第292页。

[5] （宋）范晔：《后汉书·光武帝纪下》，中华书局，1982年，第51页。

[6] （宋）曾公亮、（宋）丁度：《武经总要·军制·选锋》，商务印书馆，2017年，第29页。

无作色，和其肢体，调其气息，一其心志，谓之楷式。"[1] 因此，掌握射箭技术需要在教头或军官指导下进行长期严格的训练，"教弓者，先使张弓架矢威仪容止，乃以弓之硬弱、箭之迟速远近、射的亲疏、穿甲重数而为之等。"[2] 正因为射法技术含量颇高，因此《汉书·艺文志》的"兵技巧"射法即占八家。汉代画像石、砖多有习射、射猎、弋射、步射、骑射等图像，反映了古代射法的情形。

两汉出了不少射箭高手。李广是西汉最著名的神射手，他的射术令以骑射为生的匈奴人也闻风丧胆。《汉书·艺文志》所载"兵技巧"中就有《李将军射法》三篇。东汉名将盖延"身长八尺，挽弓三百斤。"[3] 三国魏武帝曹操"才力绝人，手射飞鸟，躬擒猛兽，尝于南皮一日射雉获六十三头。"[4] 文帝曹丕自叙其"六岁而知射……八岁而能骑射矣。"[5] 东吴太史慈"长七尺七寸，美须髯，猿臂善射。弦不虚发。"[6]

汉末三国最著名的射手是吕布，史载其"便弓马，膂力过人，号为飞将。"《三国志·吕布传》记载了"辕门射戟"这一著名历史事件，吕布为了调解袁术部将纪灵与刘备的冲突，"令门候于营门中举一只戟，布言：'诸君观布射戟小支，一发中者诸君当解去，不中可留决斗。'布举弓射戟，正中小支。诸将皆惊，言'将军天威也！'"[7] 吕布一箭射中军士手举的短戟，这较之罗贯中《三国演义》中描写吕布射中插在地上的"方天画戟"更令人怖畏。难怪纪灵和刘备压根不信吕布能射中，见此只好罢兵。吕布的射术就是放在今天的奥运会射箭比赛中也是不可多得的。

2．骑射

在古代射法中，难度最大的是骑射。《汉书·艺文志》"兵技巧"射法类书目虽然看不出骑射训练内容，但汉匈战争决定性的兵种是骑兵，因而骑射必然是汉军训练的重要科目。

骑射本是北方草原游牧民族的狩猎之技。《史记·匈奴列传》生动地记载了匈奴人"儿能骑羊，引弓射鸟鼠；少长则射狐兔：用为食。士力能毌弓，尽为甲骑。"[8] 骑与射的天然组合使游牧民族人人皆兵，匈奴因之拥有"控弦之士三十余万"[9]，在战争中具有中原农耕民族军队所不具备的强大机动能力与远程打击能力。西汉谋臣晁错曾指出"险道倾仄，且驰且射，中国之骑弗与也"[10]，在与游牧民族的长期战争中，中原王朝终于认识到只有"以骑制骑"才能有效抵御游牧民族骑兵的侵扰和威胁。以战国时期赵武灵王"胡服骑射"为标志，中原农耕民族终于跨上了战马。至苏秦游说诸国时，魏国已拥有"骑五千匹"，燕国"骑六千匹"，赵国更拥有"骑万匹"[11]。至西汉初，

---

[1] （宋）曾公亮、（宋）丁度：《武经总要·军制·选锋》，商务印书馆，2017年，第29页。

[2] （宋）曾公亮、（宋）丁度：《武经总要·军制·教弓法》，商务印书馆，2017年，第28页。

[3] （宋）范晔：《后汉书·盖延传》，中华书局，1982年，第686页。

[4] （晋）陈寿：《三国志·魏书·文帝纪》引《魏书》，中华书局，1982年，第54页。

[5] （晋）陈寿：《三国志·魏书·文帝纪》引《典论·自叙》，中华书局，1982年，第89页。

[6] （晋）陈寿：《三国志·吴书·太史慈传》，中华书局，1982年，第1190页。

[7] （晋）陈寿：《三国志·魏书·吕布传》，中华书局，1982年，第222页。

[8] （汉）司马迁：《史记·匈奴列传》，中华书局，1982年，第2879页。

[9] （汉）司马迁：《史记·匈奴列传》，中华书局，1982年，第2880页。

[10] （汉）班固：《汉书·晁错传》，中华书局，1982年，第2281页。

[11] （汉）司马迁：《史记·苏秦列传》，中华书局，1982年，第2247页。

图一 甘肃武威雷台出土东汉执矛青铜骑俑
（甘肃省博物馆藏）

在匈奴骑兵的严重威胁下，"是以文帝中年，赫然发愤，遂躬戎服，亲御鞍马，从六郡良家材力之士，驰射上林，讲习战阵。"[1]

以往研究汉匈战争的学者多注意到地处中原的汉王朝组建骑兵部队最大的困难是缺乏优良的马种。但实际情况是，在马镫尚未出现的情况下如何骑马对农耕民族更是一个严峻的考验。学术界一般公认马镫出现于东晋十六国时期。世界上最早的马镫实物是1965年辽宁省北票市西官营子村十六国时期北燕冯素弗墓（公元415年）出土的鎏金木马镫。1965年陕西咸阳杨家湾汉墓出土的583件彩绘骑兵陶俑均无马镫，骑手两脚悬挂于马的两侧。[2]1969年甘肃武威雷台出土17件东汉执矛戟青铜骑俑，马背置鞍，骑士跨坐其上，脚下无镫（图一）。这些考古材料都表明，先秦至两汉时期骑兵均是无镫骑马。

对自幼生长于马背上的游牧民族而言，无镫骑马问题不大。而对汉民族却是一个严峻的挑战。汉制"民年二十三为正，一岁以为卫士，一岁为材官骑士，习射御骑驰战阵。"[3]也就是说，汉代成年男子23岁方征召入伍，入选为"骑士"，这些出身农耕的汉家男儿才开始"习射御骑驰战阵"。可以想见，这些新入伍的"骑士"会遇上什么样的技术难题：一是骑手无镫借力如何上马；二是上马后脚下无镫如何保持身体的稳定与平衡；三是无镫的情况下如何在马背上射箭和使用武器。虽然史书不见记载，但可以肯定的是，自赵武灵王"胡服骑射"始，到两汉对匈战争大规模使用骑兵，汉民族上马骑射的"兵技巧"训练过程必然备尝艰辛。

关于古人在无镫的情况下如何上下马，史书没有具体记载。从实证角度主要有三种：一是借助某种工具踩踏跨骑上下马，二是让马跪卧上下马，三是骑手抱着马脖或手按马背踊跃上下马。对于战场上突倏迅捷的骑兵而言，显然前两种都是不可能的。《史记·李将军列传》载李广被匈奴军队俘获，"广详死，睨其旁有一胡儿骑善马，广暂腾而上胡儿马，因推堕儿，取其弓，鞭马南驰数十里。"[4]从文中看，李广当是不借助任何工具腾跃上马。《三国志·吴书·吕岱传》载：吴赤乌二年（公元239年），年已八十的老将吕岱"上马辄自超乘，不由跨蹑"[5]，意为老迈的吕岱上马如年轻人一样"超乘"，即手按马背跳跃上马，而不是像老年人一样借助某种辅助工具"跨蹑"上马。根据这些记载推断，在无镫的情况下两汉骑兵是采用手按马背或抱住马项跳跃上下马。而这必须依赖良好的腿部弹跳力量和身体协调能力。

在无镫的情况下汉家儿郎不仅上下马是难题，骑在奔驰颠簸的马背上如何保持稳定不坠马难度更大，更何况还要骑在马上张弦射箭或持戟突击。因文献缺失，我们今天无法从汉代的"兵技巧"看到骑射训练的详情。匈牙利人拉约什·考绍伊（Laios Kassai）为了研究古匈奴人骑射技艺曾亲身体验乘骑无镫马，结果发现其过程痛苦之极：骑者没有马镫踩踏，只能任由下身在马背上颠簸

[1] （汉）班固：《汉书·匈奴列传》，中华书局，1982年，第3831页。

[2] 陕西省文管会、博物馆，咸阳市博物馆杨家湾汉墓发掘小组：《咸阳杨家湾汉墓发掘简报》，《文物》1977年第10期。

[3] （宋）范晔：《后汉书·百官志》注引《汉官仪》，中华书局，1982年，第3624页。

[4] （汉）司马迁：《史记·李将军列传》，中华书局，1982年，第2868页。

[5] （晋）陈寿：《三国志·吴书·吕岱传》，中华书局，1982年，第1386页。

摩擦，身体承受了极大的痛苦，骑者连续多日无法行走甚至出现尿血现象。另外，骑乘无镫马骑手很难保持身体平衡，极易从马背坠地受伤。[1]拉约什·考绍伊的实证体验真实地反映出汉军骑兵训练时骑手所经历的痛苦过程。

拉约什·考绍伊的实验反映了一个为史家忽略的重要事实，对于从小没骑过马的汉族成年男子而言，要成为骁勇的骑兵战士必须经历至少三个训练步骤和阶段：一是学会无镫情况下如何上下马；二是练习如何运用身体平衡以避免摔下奔驰颠簸的马背；三是习练骑在奔驰的马背上两手开弓射箭或持戟突击。虽然没有文献记载，但根据实证方法推测，一个汉族成年男子被征召骑士，没有若干年艰苦的骑马、骑射和持戟突击训练，并通过狩猎等综合性训练和演习是很难上阵杀敌的。

虽然农耕民族上马作战要经历艰辛的训练过程，但在"以骑制骑"的战争要求下，汉武帝通过高度重视"勇力鞍马骑射"，最终训练出了一支"坚甲絮衣，劲弓利矢，益以边郡之良骑"，从而在对匈战争中取得了巨大战果。如汉武帝元光六年（公元前129年）首次出击匈奴时四路大军"军各万骑"。至元狩四年（公元前119年），汉武帝击匈奴，"发十万骑，负私从马凡十四万匹"[2]，这与战国时期诸国的骑兵部队规模已不可同日而语，经过训练的汉军骑兵规模已经能与匈奴骑兵对决，而这正是汉王朝战胜匈奴的重要条件之一。

直至汉末三国，骑兵训练仍是决定军队作战能力的重要因素，涌现出不少骑射高手。《三国志·董卓传》载董卓"卓有才武，旅力少比，双带两鞬，左右驰射"。骑无镫马还能左右手驰射，这是相当惊人的技艺。曹丕《典论·自叙》："少好弓马，于今不衰；逐禽辄十里，驰射常百步，日多体健，心每不厌。"[3]曹操麾下有一支五千人组成的精锐骑兵部队"虎豹骑"，在机动作战中屡建奇功。如在官渡大战中曹操亲率五千骑夜袭乌巢，烧毁袁绍运粮车队，致使"绍众大溃"[4]。在当阳大战中，"曹公将精骑五千急追之，一日一夜行三百余里，及于当阳之长坂。先主弃妻子，与诸葛亮、张飞、赵云等数十骑走，曹公大获其人众辎重。"[5]曹操能拥有这样一支精锐骑兵部队，平昔没有严格而艰苦的训练是不可能的。

3．弩射

与弓射一样，弩射在今天也是一种体育项目，当今国内外都有很多民间弓弩协会和竞技俱乐部。弩在古代是强大的作战武器。《汉书·艺文志》"兵技巧"中有《强弩将军王围射法》五卷、《望远连弩射法具》十五篇，都是关于弩射技术和训练方法的典籍。弩射是弓射的改革与发展。弓射的效果受限于人的力量与技术，而弩射则因在弓与弦的基础上加装弩臂、弩机和望山等机械，形成比弓射更易操作、威力更为强大的远程打击武器。诚如《武经总要》所说："若乃射坚及远，争险守隘，怒声劲势，遏冲制突者，非弩不克。"[6]与弓射相比，弩射的优势是射程一般较弓射远两倍左右，且技术简单，射手张弩后可依靠望山瞄准射击，不像弓射一样需要人的力量与技术来控制射程与精

[1]〔英〕约翰·曼著，谢焕译：《上帝之鞭阿提拉》，北京国际文化出版公司，2008年，第68页。

[2]（汉）班固：《汉书·匈奴列传》，中华书局，1982年，第3769页。

[3]（晋）陈寿：《三国志·魏书·文帝纪》，中华书局，1982年，第89页。

[4]（晋）陈寿：《三国志·魏书·武帝纪》，中华书局，1982年，第199页。

[5]（晋）陈寿：《三国志·蜀书·先主传》，中华书局，1982年，第878页。

[6]（宋）曾公亮、（宋）丁度：《武经总要·军制·教弩法》，商务印书馆，2017年，第90页。

度。汉代的弩分为臂弩、腰弩、踏弩（蹶张），前者以手臂上肢力量开弩，射程虽短但精巧灵便；后者以腰引或脚蹬踏开弩，射程远，杀伤力大。弩射较之弓射的缺点是开弩张弦用时较长，射速较慢，且较为笨重，更适合装备步兵在战阵中使用而不适合于骑兵作战。

弩射早在先秦时代就是战场利器。史载战国时期"天下之强弓劲弩，皆自韩出。"[1] 汉匈战争中，弩是以步兵为主的汉军锐利的打击武器。西汉晁错指出汉军的"劲弩"是制胜"匈奴之弓"的法宝："劲弩长戟射疏及远，则匈奴之弓弗能格也；坚甲利刃，长短相杂，游弩往来，什伍俱前，则匈奴之兵弗能当也；材官驺发，矢道同的，则匈奴之革笥木荐弗能支也。"[2] 宋代《武经总要》也认为"弩者，中国之劲兵，四夷所畏服也。"[3] 汉匈战争证明拥有强大的弩兵是克制匈奴骑兵的重要利器。

虽然弩射对射手的技术要求较之弓射较低，但弩兵开弩张弦需要强大的上肢和腰腿力量。汉弩强度按石计算，引满一石弩约需 27～30 千克力量。这对于现代常人已经是很困难的了。据考证，汉军装备的弩较多是三石（90.7 千克）、五石（151.2 千克）、六石（181.4 千克）、八石（241.9 千克），这些弩的射程能达到 160～280 米。[4] 汉代最强的大黄弩的强度达到十石，其射程达 300 米以上，甚称弩中之王。实验证明，二石以上的弩就须用腰力张弦，六石以上就只能用双脚踏弩张弦（蹶张）。这意味着，汉军的弩兵必须是异常强壮，臂力、腰力和腿部力量十分强大之人，这需要在"材官"（步兵）的选材上有特殊要求，并在此基础上经过严格的体能训练和技能训练。河南、山东、江苏、四川等地出土的汉代蹶张画像石，均用极为夸张的艺术手法刻意表现弩兵强大的臂膊肌肉和上肢力量，表现了汉代弩兵的强悍形象（图二）。

四、"兵技巧"与两汉长短兵

两汉军队装备的近身格斗兵器主要有戟、矛、环首刀、剑、钩镶、盾等。文献记载汉代的"五兵"包括"弓弩、戟、盾、刀剑、甲铠"[5]。江苏、山东、河南、四川等地出土汉画像石、砖上有兰锜（置放兵弩的架栏）图像，上置戟、矛、环首刀、剑、盾、钩镶、弩等长短兵器[6]（图三）。国内各地出土不少两汉时期的铁戟、矛、刀、剑等兵器实物。这些考古材料真实地反映了汉代军队常备近战格斗兵器情况。《三国演义》曾在人们心目中打造了一批家喻户晓的"神兵"，如关羽的青龙偃月刀、张飞的丈八蛇矛、吕布的方天画戟等。但这些不过是文学想象而已，

图二　东汉蹶张画像石
（成都体育学院博物馆藏）

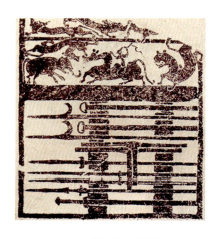

图三　东汉兵栏画像砖
（四川博物院藏）

[1]（汉）司马迁：《史记·苏秦列传》，中华书局，1982 年，第 2247 页。

[2]（汉）班固：《汉书·晁错传》，中华书局，1982 年，第 2279 页。

[3]（宋）曾公亮、（宋）丁度：《武经总要·军制·教弩法》，商务印书馆，2017 年，第 103 页。

[4] 杨泓：《中国古兵器论丛》，中国社会科学出版社，2007 年，第 299 页。

[5]（宋）范晔：《后汉书·百官志》，中华书局，1982 年，第 3624 页。

[6] 杨泓：《中国古兵器论丛》，中国社会科学出版社，2007 年，第 378～384 页。

不是真实的历史。

但是，《汉书·艺文志》中有一个令人不解的问题，即"兵技巧"中有蹴鞠、手搏、剑道和射法等，却没有关于戟、矛、槊、刀、钩镶、盾等近战格斗兵器的技法典籍。这是为什么呢？难道汉代兵家不重视这些兵器的使用技术和训练吗？抑或是班固漏掉了这类典籍？

其实，汉代"兵技巧"虽然未列长短兵，并不等于使用这些兵器不需要训练，更不等于这些兵器不重要。晁错认为"临战合刃之急者三：一曰得地形，二曰卒服习，三曰器用利。"[1] 指出士卒训练和兵器质量是决定战场胜负的重要因素。他比较汉匈兵器之长短说："平陵相远，川谷居间，仰高临下，此弓弩之地也，短兵百不当一。两陈相近，平地浅草，可前可后，此长戟之地也，剑盾三不当一。萑苇竹萧，草木蒙茏，支叶茂接，此矛铤之地也，长戟二不当一。曲道相伏，险陁险陕相薄，此剑盾之地也，弓弩三不当一。"[2] 从中可以看出长戟、剑盾、矛铤等长短兵器之于汉军的重要性。事实上，相对于匈奴"其长兵则弓矢，短兵则刀铤（短矛）"[3] 的马背民族优势而言，成年后才入伍学骑无镫马参加作战的汉军是无法在骑射技艺上与其竞长短的，只能采用"万弩齐发"和骑马持长戟集群突击的作战方式来弥补自身的先天不足。

因此，使用戟、矛等兵器的技能技巧训练也是汉军重要的"兵技巧"。《后汉书·百官志》引《汉官仪》："尉、游徼、亭长皆习设备五兵。五兵：弓弩、戟、盾、刀剑、甲铠。鼓吏赤帻行滕，带剑佩刀、持盾被甲、设矛戟、习射。"[4] 尉、游徼、亭长都是汉代的基层官员。所谓"设十里一亭，亭长、亭侯；五里一邮。邮间相去二里半，司奸盗。"[5] 连这些基层官员平时都要进行包括长戟、刀剑在内的"五兵"训练，可见在正规部队中，使用这些兵器的技能技巧训练更是不可或缺。

可是，为什么《汉书·艺文志》"兵技巧"中又不见戟、矛、刀、盾等"便器械"典籍呢？古代战争不像《三国演义》描写的那样，双方将领在两军阵前搦战厮杀，各呈技艺，两两单挑。战场经验丰富的戚继光曾在《纪效新书》中指出："开大阵，对大敌，比场中较艺，擒捕小贼不同。堂堂之阵，千百人列队而进前，勇者不得先，怯者不得后，丛枪戳来，丛枪戳去，乱刀砍来，乱杀还他，只是一齐拥进，转手皆难，焉能容得左右动跳？"[6] 换言之，冷兵器时代的战争是军队诸多单位、兵种、武器装备配合的体系化作战，即便是野战也是大军突击，箭矢齐发，矛戟向前。在这样一个作战体系中士兵使用戟、矛等近战突击兵器并不需要多少技巧，起决定作用的是纪律、勇气、体力等要素。这或许就是《汉书·艺文志》"兵技巧"中没有戟、矛、刀、盾等长短兵器使用方法书目的原因。

虽然古代战争中戟、矛、刀、盾等长短兵器的使用必须服从军队整体作战要求，但对于将士个人而言，"武艺"仍是非常重要的。戚继光根据自身的作战经验指出："夫武艺不是答应官府的公事，是你来当兵防身立功杀贼救命本身上贴骨的勾当。你武艺高，决杀了贼，贼如何又会杀你？你若武

---

[1]　（汉）班固：《汉书·晁错传》，中华书局，1982 年，第 2279 页。

[2]　（汉）班固：《汉书·晁错传》，中华书局，1982 年，第 2279 页。

[3]　（汉）司马迁：《史记·匈奴列传》，中华书局，1982 年，第 1879 页。

[4]　（宋）范晔：《后汉书·百官志》，中华书局，1982 年，第 3624 页。

[5]　（宋）范晔：《后汉书·百官志》，中华书局，1982 年，第 3624 页。

[6]　（明）戚继光：《纪效新书·或问篇》，中华书局，2017 年，第 224 页。

图四　东汉骑战画像石（南阳市博物馆藏）

艺不如他，他决杀了你。若不学武艺，是不要性命也。"[1] 戚继光所谓的"武艺"其实就是汉代的"兵技巧"，也就是冷兵器时代士兵的体能与技能之和。戚继光《练兵实纪·练手足第四》就包括练足力、练手力等体能训练项目与校腰刀、校刀棍、校大棒、校大钯等技能考核科目。

两汉时期由于大规模使用骑兵，使得将领不能像先秦车战和步战多在军阵后指挥作战，而必须身先士卒，陷阵冲杀，这就要求将领本身拥有高强的武艺。戚继光就指出："将军于前，使无技艺在身，安得当前不惧？且身当前行，恃我之技，可当二三人，左右勇健，密密相随，人人胆壮，惟看将军气色。"[2] 骑战促使两汉出现了很多胆气过人、武艺高强的将领。项羽被汉军围困乌江，"项王乃驰，复斩汉一都尉，杀数十百人。"[3] 汉末三国时的关羽、张飞号称"万人敌"。白马之战中，"羽望见良麾盖，策马刺良于万众之中，斩其首还，绍诸将莫能当者。"[4] 关羽能于双方阵列之间突然一骑冲入敌阵，将敌方大将颜良刺于马下并"斩其首"，显示了他惊人的胆气勇力与非凡的武艺。名将张辽"武力过人"，在与孙权的合肥大战中，"辽被甲持戟，先登陷陈，杀数十人，斩二将。"[5]

虽然近身格斗兵器没有列入《汉书·艺文志》的"兵技巧"，并不意味着汉代军队的训练和考核不包括这些兵器的使用方法。恰恰相反，由于汉军在对匈作战中，主要依靠手持长戟的骑兵集群突击来抵消自身相对于匈奴骑射技术的先天不足，因此熟练掌握这些近身突击兵器是军队将士的必修课。只是和骑射训练一样，由于话语权与书写者的原因不见于文献典籍记载而已。

---

[1]　（明）戚继光：《练兵实纪》卷四《练手足》，中华书局，2000 年，第 87 页。

[2]　（明）戚继光：《练兵实纪》卷九《习武艺》，中华书局，2000 年，第 185 页。

[3]　（汉）司马迁：《史记·项羽本纪》，中华书局，1982 年，第 335 页。

[4]　（晋）陈寿：《三国志·蜀书·关羽传》，中华书局，1982 年，第 939 页。

[5]　（晋）陈寿：《三国志·魏书·张辽传》，中华书局，1982 年，第 517 页。

长戟是两汉步骑兵普遍装备的突击兵器。《释名·释兵》载"戟，格也，旁有枝格也。"[1]西汉晁错将"劲弩长戟射疏及远"作为汉军的标志性装备。汉代的戟是戈与矛的组装，其形似"卜"字，故又称"卜字戟"。戟在战场上可以刺、推、啄、勾，是汉军突击匈奴军队的利器。1969年甘肃武威雷台出土的东汉晚期17件青铜执戟骑俑，骑手均右手持长戟。河南、山东等地出土有汉军骑兵持戟刺杀头戴尖帽的匈奴骑士画像石（图四）。东汉初刘秀麾下大将马武被陇西隗嚣军追击，"武选精骑还为后拒，身被甲持戟奔击，杀数千人，嚣兵乃退。"[2]刘秀讨伐公孙述之战，"汉骑士高午以戟刺述，中头，即坠马。"[3]三国猛将典韦在作战中为敌所困，"韦以长戟左右击之，一叉入，辄十余矛摧。"[4]

除长戟外，手戟（短戟）也是两汉常用防身武器，既可与盾组合成为近身格斗武器，也可以双手各执一戟作战。三国时典韦是著名的双戟高手，史载"韦好持大双戟与长刀等，军中为之语曰：'帐下壮士有典君，提一双戟八十斤。'"[5]吴主孙权曾"亲乘马射虎于交亭，马为虎所伤，权投以双戟，虎却废，常从张世击之以戈，获之。"[6]吕布"辕门射戟"射的也是"门候"手举的手戟。手戟除了近战防身之用外，还可以掷出"遥击"敌人。典韦曾在战斗中遭遇敌人包围，"贼弓弩乱发，矢至如雨，韦不视，谓等人曰：'虏来十步，乃白之。'等人曰：'十步矣！'又曰：'五步乃白。'等人惧，疾言：'虏至矣！'韦手持十余戟，大呼起，所抵无不应手倒者。"[7]典韦用手戟投掷击杀敌人应该不是一时应急之举，而是手戟本身就有类似"飞去来器"的投掷击杀功能。《三国志》记载董卓掷手戟欲杀吕布、孙权双手投戟击虎等都说明手戟可以用以投掷，并且是平昔训练获得的技艺。

从文献和文物来看，长矛作为制式装备至汉末三国时期才为军队步骑兵普遍使用。《史记》《汉书》《后汉书》几乎没有使矛的记载，但《三国志》出现了很多使矛的名将。汉末名将公孙瓒曾率军数十骑遇鲜卑数百骑，"瓒乃自持矛，两头施刃，驰出刺胡，杀伤数十人。"[8]名将吕布与郭汜决斗"布以矛刺中汜"[9]马超与阎行决斗"行尝刺超，矛折"[10]当阳之战刘备军溃败，张飞断后，"飞据水断桥，瞋目横矛曰：'身是张益德也，可来共决死！'敌皆无敢近者。"[11]吴将程普曾在战场上为救孙策"驱马疾呼，以矛突贼"[12]，丁奉"与敌追军战于高亭。奉跨马持矛，突入其陈中，斩首数百，获其军器。"[13]长矛功能单一，技术简单，制作容易，步骑兵突击时杀伤力强，汉末以后逐渐取代了戟的地位。

[1] （汉）刘熙撰，孙玉文点校：《释名疏证补》卷八，中华书局，1986年，第122页。

[2] （宋）范晔：《后汉书·马武传》，中华书局，1885年，第785页。

[3] （晋）常璩：《华阳国志》卷五，中华书局，1985年，第67页。

[4] （晋）陈寿：《三国志·魏书·典韦传》，中华书局，1982年，第543页。

[5] （晋）陈寿：《三国志·魏书·典韦传》，中华书局，1982年，第543页。

[6] （晋）陈寿：《三国志·吴书·吴主传》，中华书局，1982年，第125页。

[7] （晋）陈寿：《三国志·魏书·典韦传》，中华书局，1982年，第543页。

[8] （晋）陈寿：《三国志·魏书·公孙瓒传》，中华书局，1982年，第239页。

[9] （晋）陈寿：《三国志·魏书·吕布传》，裴注引《英雄记》，中华书局，1982年，第220页。

[10] （晋）陈寿：《三国志·魏书·刘馥传》，裴注引《魏略》，中华书局，1982年，第475页。

[11] （晋）陈寿：《三国志·蜀书·张飞传》，中华书局，1982年，第943页。

[12] （晋）陈寿：《三国志·吴书·程普传》，中华书局，1982年，第1283页。

[13] （晋）陈寿：《三国志·吴书·丁奉传》，中华书局，1982年，第1301页。

图五　汉代钩镶
（成都体育学院博物馆藏）

　　两汉军队装备的短兵主要有环首刀和钩镶。这两种短兵都是两汉时期特有的短兵，虽然史籍中很少记载，但考古文物中多有发现。环首刀系铁制，刀身较长，厚脊薄刃，在战场上凶狠的砍杀功能远超以击刺为主的剑，在西汉一出现就迅速成为汉军大规模装备的近战防身格斗的利器。各地出土的汉画像砖多有环首刀图像。如江苏徐州博物馆藏东汉战争画像石、河南安阳高陵出土水陆攻战画像石等都有士兵手执环首刀搏杀形象。国内各地出土不少环首刀实物，其长度一般在一米以上。

　　钩镶是仅见于汉代的一种将盾、刺、勾组合而成的近战格斗兵器，其造型十分奇特。这种兵器在史籍中很少记载，东汉刘熙《释名·释兵》："钩镶，两头曰钩，中央曰镶，或推镶，或钩引，用之宜也。"[1]国内多家博物馆藏有汉代出土钩镶实物（图五）。钩镶的奇特造型是专为克制汉代战争中的王牌兵器——卜字戟。在近战格斗中，钩镶一般与长矛、手戟、环首刀、剑等配合使用，先用钩镶钩锁对方长戟的横突小枝，再以右手所执刀、剑、矛、戟等兵器击杀对手。

　　军事体育是古今军队训练不可或缺的重要内容，其内容主要包括军队将士的体能训练与技能训练两大类。汉代的军事体育称为"兵技巧"，包括了"习手足"和"便器械"；宋明以后统称为"武艺"。虽然军事训练和军事体育在历史上各个朝代都是"国之大事"，但由于传统史学的局限和古代文献书写者的原因，直至明代戚继光《纪效新书》和《练兵实纪》出现之前，古代军事训练与军事体育内容极少见于史册。两汉时期是中国古代战争的重要转型时期，汉王朝与匈奴的大规模战争推动了军事训练和军事体育的发展，《汉书·艺文志》中的"兵技巧"书目就反映了这种转型与变化。虽然这些书籍亡佚，但今人可以结合有关文献和考古材料窥测汉代军事体育和军事训练端倪。

---

[1]　（汉）刘熙撰，孙玉文点校：《释名疏证补》卷八，中华书局，1986 年，第 98 页。

论三国体育之"武艺"与"武戏"
——文献与文物的内容整合与场景展现

文/梅铮铮　成都武侯祠博物馆研究馆员

　　中国古代体育文化历史悠久，源远流长。近年来，中国古代体育文物展览，已经成为传统文物展览在题材和内容上的一种全新尝试。2014年南京青年奥林匹克运动会上，首次举办中国古代体育文物展览。此后，又先后在内蒙古、福建、天津等地依托现代体育赛事陆续举办。2019年8月，成都武侯祠博物馆联合成都体育学院博物馆等国内五家博物院（馆），共同举办了"武·戏——汉晋三国体育文物展"，把汉末三国、两晋时期的文献和文物，以"武""戏"冠名向公众展出，取得了很好的效果，满足了人民群众不断增长的精神文化需求。

　　体育文物是一个全新的概念，过去没有专门提出，人们对之较为陌生。它其实囊括了记载表现中国古代与体育有关的所有东西，譬如表现武艺、百戏娱乐的文物和历史文献。因此该展览谓之"武"者，即以汉末三国时期表现与武艺相关的武士俑、兵器等以及表现习武内容的文物和拓片为依托，展示时代特点和人们的尚武精神；谓之"戏"者，则通过表现武戏的宴乐、博弈、百戏等内容的文物、拓片，以之反映当时人们于征战以外的生活状态，展现士人追求身心愉悦的人文情怀。汇集反映这两类题材的文物，从古代体育文化的视野予以新的诠释和陈列展示，打破了公众心中对文物的原有认知，这不能不说是博物馆传统文物展览在题材和内容上的创新。

　　为了让古代体育文物"活"起来，与观众近距离的互动，策展人还增加了文物动态设计的手法，借助多媒体等现代展陈手段，尽可能还原所展示文物在当时的历史状态，使观众在观赏体育文物的同时，看到这些不会说话、静态的文物，呈现出动、静结合的立体展示效果。开展以来，从反馈意见来看，这种展陈从内容到形式都得到了观众的认可，无疑是一次成功的尝试。

　　众所周知，战争极其频繁乃三国时代的重要特征。在此乱世之中，尚武之风盛行是必然的。首先，严酷的客观环境，迫使人们必须认真学习"武艺"，从而能够在激烈的沙场对战中消灭对手保全自己。其次，又引导人们在战争暂时停歇的余暇之时，将尚武精神转化为各种娱乐身心的"武戏"，从而在百战之中减轻心理上的巨大压力，直面惨淡的人生。于是，"武艺"和"武戏"同时出现，而且相互关联影响，就成为这一时期体育发展史中非常值得重视的文化现象。

　　下面，我们将从文献和文物两大方面，在内容上进行有效的整合，从而对"武艺"和"武戏"进行深入论述。

一

　　在三国时代的传世文献之中，在"武艺"和"武戏"两个层面上都蕴含丰富内容和珍贵信息，自然非魏文帝曹丕的《典论·自叙》莫属了。因此，在下面的论述中，我们就将其作为主要的论据来源。

曹丕这篇《自叙》，是其代表论文专集《典论》中的一篇，全文约910字。内容主要记叙自己在战争频繁的乱世之中，在早年如何遵从父亲曹操的教导，在勤奋学习先秦以来经典书籍的同时，又特别注意认真练习武艺，强身健体，以适应沙场激烈征战的现实需要；以及在成年之后，又如何与亲近朋友在征战之余，运用"武戏"来娱乐身心。总之，其中所涉及的"武艺""武戏"等内容非常丰富，且与古代体育活动联系密切。

　　通常人们对曹丕的认识，大多来自《三国志·魏书·文帝纪》，记载说："初，帝好文学，以著述为务，自所勒成垂百篇。又使诸儒撰集经传，随类相从，凡千余篇，号曰皇览。"在这篇本纪的末尾，作者陈寿的评语中又特别强调说："文帝天资文藻，下笔成章，博闻强识，才艺兼该"。由于史书的导向，很容易让后人产生一种印象，即曹丕是专以文才而著称。其实这种印象并不全面，而是低估了他的才能，因为我们恰恰忽略了陈寿所总结的"才艺兼该"四个字。此处的"才艺"，具体而言就是指曹丕不光具有下笔成章的非凡文才，同时还具备了武艺、武戏等多方面的技艺。具体的确凿证据，就是曹丕在《自叙》中对他少年时代如何在恶劣环境下学习这些"才艺"的生动经过，有如下的记述：

　　"初平之元，董卓杀主鸩后，荡覆王室。是时四海既困中平之政，兼恶卓之凶逆，家家思乱，人人自危……言人人皆得讨贼。于是大兴义兵，名豪大侠，富室强族，飘扬云会，万里相赴。兖、豫之师战于荥阳，河内之甲军于孟津……会黄巾盛于海岱，山寇暴于并、冀，乘胜转攻，席卷而南，乡邑望烟而奔，城郭睹尘而溃，百姓死亡，暴骨如莽。余时年五岁，上以世方扰乱，教余学射，六岁而知射，又教余骑马，八岁而能骑射矣。以时之多故，每征，余常从。"[1]

　　文中明确记载，为了在乱世中求得生存，他五岁就开始学习射箭，六岁又开始学习骑马，到八岁时已经具有在骑马飞奔中射箭杀敌的本领了。这正是三国时期在严酷的客观环境下，学习"武艺"是从娃娃抓起的最好例证了。无独有偶，类似情况在出土文物中也得到展现。1984年安徽马鞍山市孙吴大将朱然墓出土的漆盘，画面中就清晰出现两个儿童手持长棍比武的场面。《三国志·蜀书·诸葛亮传》裴注引《魏略》说徐庶"少好任侠击剑"，可见三国时期人们习武之风，从小就已经开始，曹丕自幼练习射箭、骑马并非孤例。

　　华夏民族万来重视传统教育，早从周朝开始就制定了完整的教育体系，要求贵族子弟们从小就必须学习掌握六种技艺。《周礼注疏》卷十四载："而养国子以道，乃教之六艺。一曰五礼，二曰六乐，三曰五射，四曰五驭，五曰六书，六曰九数。"其中"射""驭"是教育学子不光要学习礼、乐、书、数这些思想文化和自然科学知识，还要掌握挽弓射箭、驾驭车马这类"武艺"，达到既有知识文化又强身健体的目的。传统意义上的"六艺"，包含了今天的德、智、体几方面内容，简言之就是研习文武之道，实行文武并重、文武合一的传统教育。曹丕常年跟随曹操征战沙场，练就了他过人的胆识和不凡的"武艺"。在三国时期，马镫还没有出现，骑马奔驰需要具有比后来有马镫时更加高强的武艺本领。难怪在目睹曹丕策马奔驰中娴熟张弓左右挽弓射箭之时，连见多识广的荀或都连连夸赞他说："君善左右射，此实难能"[2]，这是真心诚意的赞扬而非虚伪的吹捧。翻检《三国志》全书，记载能"左右驰射"的，除曹丕之外仅董卓而已，表明骑射虽是当时武将的必备技能，

[1]　（晋）陈寿撰，（宋）裴松之注：《三国志·魏书·文帝纪》裴注引《典论·自叙》，中华书局，1975年，第89页。

[2]　（晋）陈寿撰，（宋）裴松之注：《三国志·魏书·文帝纪》裴注引《典论·自叙》，中华书局，1975年，第89页。

但能左右开弓的人还真不多见，曹丕的"武艺"堪称是出类拔萃了。

今天我们从出土的汉代画像砖（石）中，也能看到很多骑马、弋猎的场景：画面中的人或站立或屈身张弓施射；或骑在马上回身弯弓。画面内容丰富、线条优美，极为生动而简练地还原了历史的真实场景，为我们研究汉末三国时期战争和生产、生活的重要资料。但至今尚未发现有孩童骑马射箭的画面，只能说明幼年能射箭、骑马并非普遍行为。因为这是需要具备一定条件才能做到的，首先须有一位具有远见卓识的长者去精心辅导；其次受教者还必须花费大量的时间和精力去刻苦训练。具备了这样两个条件的人不是多数，像曹丕年仅八岁，能"善左右射"人马合一骑射自如者，应是寥若晨星的极少数个例。建安元年（公元196年），张绣投降曹操不久突然反叛，年仅十岁的曹丕因娴熟的骑马技能逃过了此难，而他的兄长曹子修、堂兄曹安民都死于那次叛乱中。

曹操对诸子要求全面而且严格，必须文武兼备全方位发展，曾就选择曹丕还是曹植为太子而一直犹豫不决。虽然兄弟二人都文采出众，为争太子位都处心积虑，但曹丕最后胜出，除了做事审慎，颇具心机外，他的"武艺"更胜胞弟一筹，留给曹操的印象更深刻，这可能也是得分因素之一吧。所以曹丕在《自叙》中把自己幼年练习骑射的习武经历生动地记录出来，明显是一种夸耀的心态。他是想用这种表述来说明他从小就具有非常的"武艺"。

所谓"武艺"，不同于一般常说的"武术"。"武艺"和"武术"看似一字之差，其实内涵差异很大。"术"者，等而下之的技能也。而"艺"者，则是高层次的境界也。只有对尚武精神具有深层次的认知，并且在认真习武的实践当中，又不断有全方位的感悟和提升，方可称之为"武艺"，否则只能称为"武术"。

"武艺"一词在三国时代已经出现，这并非偶然。《三国志·魏书·袁涣传》记载袁敏"有武艺而好水功"。同书《曹彰传》中陈寿给曹彰的评语是"任城武艺壮猛，有将领之气。"陈寿所说的"武艺"，是赞美曹彰具备了雄壮勇猛的武艺，同时具有带领将士的大将气概。三国时代的英雄豪杰，要想带领军队纵横疆场冲锋陷阵，成就一番大事业，不掌握一定的"武艺"显然难以成功。而上面所说曹丕习武达到的境界，显然已经达到"武艺"的标准。曹操既怀一统天下的大志，又是严慈兼具的父亲，自然懂得如何教育后代。由曹丕自幼习射、骑这件事上，我们看到了一代枭雄曹操作为父亲的另外一面，也因此明白曹操在二十五个儿子中最终将曹丕定为继承人的深层原因。

三国时代充满尚武精神,而且每个人都能根据当时的客观条件和自己的主观习惯，练习不同兵器。比如张飞善使长矛，典韦喜用双戟，这都是具有说服力的例证。事实上，周朝"六艺"中"射""驭"，也是为了适应当时车战客观条件而必备的武艺和技能。冷兵器时代的弓弩，因为具有远距离杀敌的特殊功能，故而成为战争的首选兵器和军队必需的重要装备。即便随着时代发展，车战逐步被骑兵所替代，但只要还是冷兵器时代，"射"就是将士必须要掌握的武技。说到三国人物射箭技术如何高超，人们最熟知就是吕布"辕门射戟"的故事，《三国演义》第十六回对此有精彩的描写。其实真正的"辕门射戟"，三国历史远比《三国演义》更惊险、刺激。《三国志·吕布传》记载："布令门候于营门中举一只戟，布言：'诸君观布射戟小支，一发中者诸君当解去，不中可留决斗。'布举弓射戟，正中小支。诸将皆惊，言'将军天威也'"[1]，可知实际情况更扣人心弦。为化解一触即发的纷争，吕布命一门候将一支手戟（一种短兵器）高举，他自己弯弓射箭正中其高举手戟的

---

[1] （晋）陈寿撰，（宋）裴松之注：《三国志·魏书·吕布传附张辽传》，中华书局，1975年，第223页。

小枝，这个难度就比小说中的描述要高得多。小说中画戟是插在一百五十步外的辕门旁，若射不中也不危及旁人的生命。而按史书所记是他命守护营寨的门候高举手戟，但有丝毫闪失那门候可就生命堪忧了。还原历史可以想象，高举的手戟距离举戟者的手是零距离，距头部也不超过 40 厘米，于是才有"诸将皆惊，言'将军天威也'"之类的惊叹。虽然《三国志》中并没有记载吕布和门候之间的距离有多远，但这疏漏丝毫掩盖不了吕布对自己精准射技的自信。文学作品本想通过此来表现吕布高超的射技，殊不知这样的描写反而将吕布超乎常人的射技给弱化了。

其实曹丕所具备的"武艺"，还不止骑射这一种，《自叙》一文中还讲述了他有着精熟的击剑技艺。曹丕曾为提高自己的剑术常去各地观摩，从而汲取各家之长。他认为那些精于击剑技术者各家互有长短，并得出唯有京城洛阳剑师技艺最为高超的结论。为此，他专门拜京城名家史阿学习击剑，经刻苦练习和不断感悟之后，使自己的击剑技术提升到了炉火纯青的"武艺"境界。难能可贵的是，曹丕击剑不仅仅停留在技术练习上，还常常通过实践去检验。他曾向荀彧透露了一次他和自诩通晓五种兵器且为击剑行家的邓展比试的情形。奋威将军邓展"善有手臂，晓五兵，又称其能空手入白刃"。一次宴席上，曹丕先是与他口头上交流剑术心得之后，感到邓展所学并非击剑的精髓。邓展不服，于是二人决定实地较量一番。曹丕描绘当时的生动情景说：

"时酒酣耳热，方食芊蔗，便以为杖，下殿数交，三中其臂，左右大笑。展意不平，求更为之。余言吾法急属，难相中面，故齐臂耳。展言愿复一交，余知其欲突以取交中也，因伪深进，展果寻前，余却脚郸，正截其颡，坐中惊视。"

这个故事不仅揭示了曹丕有勇有谋的一面，同时也反映出他平时注重练习，不只是停留于观摩学习上，而是讲求实效在实践中检验自己训练效果。

另外，曹丕还在《自叙》中介绍了他本人在学习过程中的谦逊，不妄自尊大的习武态度。他说：

"夫事不可自谓己长，余少晓持复，自谓无对。俗名双戟为坐铁室，镶楯为蔽木户。后从陈国袁敏学，以单攻复，每为若神，对家不知所出，先日若逢敏于狭路，直决耳。"

三国时期车战消失殆尽，取而代之的是以骑兵和步兵为主体的作战方式，而步兵作战除了讲究排兵布阵，个人与团体的配合外，还要求每一个兵士都具有能独立作战的能力。能力的高下取决于自身的勇气、胆量，以及平日训练和对于各类兵器的熟练掌握和运用。将士根据自己的喜好和力量

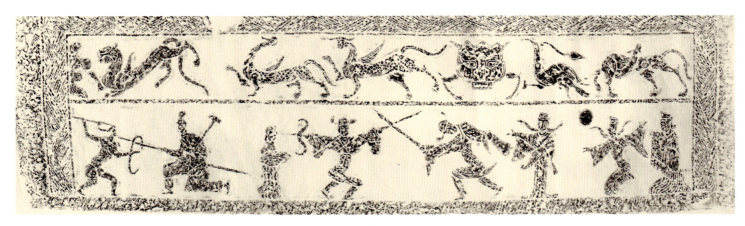

图一

大小去选择是单手持兵器还是双手持兵器,其中关涉到曹丕文中所说的"复"和"单"。这里的"复""单"为汉晋时期俗语。"复"者,谓双手各持一兵器也,成都体育学院博物馆提供的汉代画像石拓片中,就有反映这样对练的场面(图一)。在拓片左下方有二人比武,最左一位武士左手持钩镶,右手举一长兵器作投刺状,他的对手则右手持长兵器,左手握一只短兵器,这是在做"以复攻复"的技击练习或表演。"单"者,谓一只手持兵器也,在画面中部的二人比武时,其一武士右手持钩镶,左手持环首刀。他的对手则仅是右手持环首刀,左手不拿任何兵器,这即所谓的"以单攻复"。当时也有双手都持同一兵器者,如武猛校尉典韦。《三国志·典韦传》中记载:"韦好持大双戟与长刀等,军中为之语曰:'帐下壮士有典君,提一双戟八十斤'",由是可知典韦是双手都能持兵器的猛将,所擅长的兵器是双戟和长刀。曹丕年轻时"持复",即学习双手持兵器,后来跟陈国的袁敏学习之后,练成只手持兵器,还能"以单攻复,每为若神"。可见曹丕单手持兵器的攻击力之强,不是一般人能够抵挡的,这应得力于曹操对他儿时的教育和他平日的虚心学习、刻苦训练的成效吧。

二

三国时期极其频繁的战争,不断上演的血腥和死亡场面,无疑会对当时的人们造成巨大的心理压力。古语说:"文武之道,一张一弛。"如果只有不断练习"武艺"进行激烈争夺的"张",而没有相应的"弛"来调节,这样的生活就太严酷无情了。在这种情况下,人们在战争暂时停歇的余暇之时,想方设法将尚武精神转化为各种娱乐身心的活动,"武戏"就应运而生。

必须指出,此处所说的"武戏",并非指传统戏曲中的武生戏,而是指那些源于尚武精神的娱乐性项目。"武戏"与"武艺"都出自同一渊源,即尚武精神,但是两者又有不同的性质和内涵。如果说,"武艺"是具有实战格斗功能的军事训练项目,那么活动,"武戏"就是具有愉悦身心功能的文化娱乐项目。

这次体育文物展览中所陈列的诸多文物,就有对"武戏"生动场景的充分展示。其中,有竞技类的娱乐活动,如击剑、蹴鞠、投壶等;有益智类的娱乐活动,如围棋、六博等;还有一类活动,仅限于贵族阶层的休闲娱乐,如田猎、宴乐和文人雅集时的互动等。但是,当时这类竞技活动,又与现今之体育竞技比赛概念不同,其目的不为普及、发展、提高这种活动,而是纯属满足个人身心愉悦和心理需求。

由现存两汉三国时期出土的画像石(砖)以及所展出的文物种类来看,宴乐、博弈、百戏为主题的较为突出,表现了那个时代极为丰富的体育和娱乐内容(图二)。根据不同史料再结合展出文物可以证明一个事实,反映百戏内容的表演者大都是俳优及身份低下者,至于宴乐、博弈的主体则是贵族和身份地位较高的人。前引曹丕和邓展比试剑术的记叙,显然属于上层贵族之间在饮酒休闲时的一种宴乐助兴活动。表面是二人单纯切磋剑术,实则是一种带有表演性的格斗,故应定性为"武戏",在著名故事"鸿门宴"上表现非常充分。项庄于宴席上起身舞剑原本属于贵族宴饮时常态性的助兴娱

图二

乐活动，只是在特定的背景和地点却演变成暗藏杀机的表演。亦如三国时期孙吴的凌统和甘宁虽属于同一个阵营，但前者怨恨甘宁杀了自己的父亲，造成二人矛盾甚深而不愿见面，以至于孙权曾专门下令让凌统不要视甘宁为仇人。一次二人应邀到吕蒙家里赴宴，"酒酣，统乃以刀舞。宁起曰：'宁能双戟舞。'蒙曰：'宁虽能，未若蒙之巧也。'因操刀持楯，以身分之。"[1]也许凌统想缓和与甘宁的关系便在宴会上即兴表演刀舞，这本属于贵族宴饮时的正常举动，然在此时却让心存芥蒂的甘宁产生警惕，于是马上起身要表演双戟舞，看似迎合凌统的表演以助兴，其实却是心怀戒备之举。眼看"鸿门宴"的一幕将再次上演，吕蒙作为主人赶忙起身"操刀持楯，以身分之"，这才避免了二人因武戏可能引发的一场血拼。以此说来，曹丕和邓展因喝酒高兴之后，加上先有两人嘴上的交锋，然后才发生要当场比试以较高下的直接较量，这种宴乐活动应当是双人配合表演的。只不过二人手上不是持剑，而是拿着甘蔗，并且曹丕也仅仅是点到为止，显示出与身份相符的谦谦君子之风。这是汉魏时期宴饮集会上经常进行的带有娱乐性质的即兴之举。由此看出，剑术运用于战场则为"武艺"，在此称之为"武戏"或更恰当吧。

"武戏"与先秦以来的"讲武之礼"一脉相承，是当时"角抵"这类古代摔跤体育活动内容的扩展和外延。《史记·李斯列传》载："是时二世在甘泉，方作觳抵优俳之观。"应劭注曰："战国之时，稍增讲武之礼，以为戏乐，用相夸示，而秦更名曰角抵。角者，角材也。抵者，相抵触也。"《汉书·刑法志》更明确指出："春秋之后，灭弱吞小，并为战国，稍增讲武之礼，以为戏乐，用相夸视。而秦更名角抵，先王之礼没于淫乐中矣。"此处所称"讲武之礼"与周朝"六艺""孟冬讲武"渊源甚深。"六艺"的内容是学习理论基础和掌握两种"武技"，而"孟冬讲武"则是每年孟冬时节由周天子亲自主持的盛大礼仪活动和军事比武表演。《礼记·月令》载："孟冬，天子乃命将帅讲武，习射御，角力。"其中"角力"就是角抵（觳抵），是专门的角抵武士之间的表演，属于"武戏"的范畴。但曹丕和邓展之间的比试则是贵族之间的活动，他们与角抵武士的身份、地位差别很大，是借用兵器来展示自己武艺"以为戏乐，用相夸示"。既是为观众助兴，也是向大家展示自己的"武艺"，这等同于今天奥林匹克运动会上的击剑比赛，是体育精神的一种体现。

两汉三国时期"以为戏乐，用相夸示"之娱乐性质的表演比赛不止有斗勇的"武戏"，还有斗智的"文戏"，比如六博、博弈、弹棋之类（图三）。表现这类之"戏"在今存汉画像石（砖）中数量众多且丰富内容，是今人研究当时人娱乐休闲生活的重要图像资料。文献中这类记载很多，曹丕《自叙》中也提到："余于他戏弄之事少所喜，唯弹棋略尽其巧，少为之赋。昔京师先工有马合乡侯、东方安世、张公子，常恨不得与彼数子者对。"弹棋的具体玩法早已失传，经研究者多年研究结果可知，这是一项非常讲究技巧性的斗智游戏。晋人张华《博物志》中专门记载曹丕长于此技："帝善弹棋，能用手巾角。时有一书生，又能低头以所冠著葛巾角

图三

[1]（晋）陈寿撰，（宋）裴松之注：《三国志·吴书·甘宁传》裴注引《吴书》，中华书局，1975年，第1295页。

撤棋"[1]，表明曹丕不仅善于弹棋，还是高手之一。同时我们还得知他对下围棋也很内行，他曾给好友吴质的书信中写到："既妙思六经，逍遥百氏，弹棋闲设，终以博弈，高谈娱心，哀筝顺耳。"[2]这封书信透露出他爱好广泛，徜徉于先秦诸子百家经典之余，休闲时刻喜爱弹棋、围棋这类益智的"雅戏"，以娱乐心智。须注意的是，盛行于曹魏的弹棋这种体育性质的雅戏，后被道家借用发展成了具有导引行气的修炼行为。《太平御览》卷七五五引《弹棋经后序》说："弹棋者，雅戏也……盖道家所为，欲习其偃亚导引之法，击搏腾掷之妙以自畅耳。"弹棋的这种性质变异，当与曹丕喜好无涉。

起源于战国的围棋到东汉时期发展很快，尤其在士大夫阶层，不仅爱好者众多，还出现了如班固的《弈旨》、李尤的《围棋铭》、黄宪的《机论》、马融的《围棋赋》等一批有关围棋理论的著述以及围棋文化的诗赋。进入三国动荡时期，社会生产虽遭到严重破坏，却使思想文化异常活跃。人们对美好生活的追求和丰富多彩的娱乐活动享受丝毫未减，围棋在魏、蜀、吴三国之中都是广受喜爱的益智类棋戏活动。在曹氏集团中，热爱此项活动的大有人在，曹丕好围棋自然是受到其父和家族的影响，历史上曹操不仅是建安文学的领袖，还是围棋高手。《三国志·武帝纪》裴注引《博物志》记载："冯翊山子道、王九真、郭凯等善围棋，太祖皆与埒能。"[3]表明围棋不仅流行于当时而且高手众多，但曹操都能与之对弈。除曹氏父子之外，"建安七子"中孔融、王粲、应场均是具有代表性的人物，王粲有《围棋赋序》甚至能"观人围棋，局坏，粲为覆之"[4]。应场不仅爱好围棋，所作《弈势》将下围棋比作军事行动中战略布局，文中多处以行棋之法与历代战例互喻，是一篇独具特色的围棋理论名篇。蜀汉的费祎身为尚书令，但能"常以朝晡听事，其间接纳宾客，饮食嬉戏，加之博弈，每尽人之欢，事亦不废。"[5]甚至到魏军将要发动进攻朝廷命他"率众往御之"的危急时刻，"光禄大夫来敏至祎许别，求共围棋。于时羽檄交驰，人马擐甲，严驾已讫，祎与敏留意对戏，色无厌倦。"[6]孙吴围棋活动也极为普遍且名手如云，记录在宋人《忘忧清乐集》中的"孙策诏吕范弈棋局面"，不仅保存下三国时期对弈的珍贵史料，也是迄今留存下来的最早棋局。

三

把三国时代的体育活动概括成"武艺"和"武戏"两种层次，主要还是从内在性质和外在形态两方面来加以区分的。前者反映在画像石（砖）中的演武、对练场景，无一不是时代生活真实状态的高度具象。后者注重的是一种精神娱乐，是人性回归的自然呈现。百戏、弹棋、围棋等既是贵族们追求高品质生活的方式，也是达到身心健康的体、娱精神反映。故有汉魏时期"百戏""猎戏""宴戏""水戏""雅戏""射戏"等花样繁多的"武戏"活动见载于史书。即便是博弈之间也是动静结合、静中斗智，最终智者胜出，若说这样的活动是"武艺"的另一种文化表现手段，又何尝不可？

---

[1] （晋）陈寿撰，（宋）裴松之注：《三国志·魏书·文帝纪》裴注引《博物志》，中华书局，1975年，第90页。按，今本《博物志》此条已轶。

[2] （梁）萧统编，（唐）李善注：《文选·与朝歌令吴质书》，中华书局，1983年，第590页。

[3] （晋）陈寿撰，（宋）裴松之注：《三国志·魏书·武帝纪》裴注引《博物志》，中华书局，1975年，第54页。按，今本《博物志》此条已轶。

[4] （晋）陈寿撰，（宋）裴松之注：《三国志·魏书·王粲传》，中华书局，1975年，第599页。

[5] （晋）陈寿撰，（宋）裴松之注：《三国志·蜀书·费祎传》裴注引《祎别传》，中华书局，1975年，第1061页。

[6] （晋）陈寿撰，（宋）裴松之注：《三国志·蜀书·费祎传》，中华书局，1975年，第1061页。

至于大众所熟知的"五禽戏"，则更是对动物行为动作的模仿从而达到强体目的健身之戏。因此三国时代之"武艺"与"武戏"，不论在形式还是内容上都不能截然分开，将士手持兵器上阵杀敌是展示"武艺"，于宴乐间持兵器起舞这是展示"武戏"，同为兵器，不同场合表现出内涵的两面性，这正是中华传统体育文化中独具的特色。

中华古籍浩若烟海，我们从涉及汉晋体育活动的相关文献入手，重点以曹丕《典论·自叙》为主要文献依据，并结合体育文物展览中的诸多实物，梳理出那个时代的"武艺"与"武戏"之关系，目的在于为研究中国古代体育活动提供一条新的思路。曹丕的《自叙》一文，着重叙述了自己的习武经历，意在点明他想有所作为的立身之道，乃是那个时代所造成的主观特质。曹丕以"武艺"创业、立威，以"武戏"交友、养生，从多方面为代汉称帝奠定了基础。这篇文献内容全面、信息丰富，可以与出土文物相互关联，在内容上进行有效整合与场景展现，不仅是古典文学史上脍炙人口的书札名篇，也是研究古代体育发展变化的珍贵史料。

2015年度国家社科基金重大项目
第二批"中国古代体育文物调查与数据库建设"
（项目批准号：15ZDB145）成果

手戟考

文/樊博琛　成都武侯祠博物馆陈列展览部副主任

"锬锬雄戟，清金练钢。名配越棘，用过干将。严锋劲枝，擒锷耀芒。"[1] 这首西晋张协所作的《手戟铭》，称赞的是一种盛行于汉末三国时期，堪比剑的武器——手戟。东汉刘熙所撰的《释名·释兵》里专门解释"手戟，手所持擿之戟也。"擿，即投掷，意为手戟是一种可以手持，并能投掷的武器。在正史中，只有《后汉书》《三国志》和《宋史》中有"手戟"的记载，而又以《三国志》为最，可见手戟是一种时代特征明显的戟类兵器。

一、手戟在考古材料和历史文献中的形象

（一）考古材料中的手戟形象

目前，手戟的考古资料主要以画像石为主，年代为东汉末—三国，分布范围主要在山东、河南和江苏等地区，时间和空间都相对集中。

营造于东汉末年的山东沂南北寨汉墓，是目前中国现存规模最大、保存最完整的大型汉画像石墓，在墓后室南隔墙上有一块武库画像石，画面中四组兰锜[2]，其上列有剑、刀、戟、矛、盾牌、箭箙等兵器，最上面的兰锜上横列着一把手戟，小枝朝下，锋利无比（图一）。

山东安丘东汉晚期孙嵩墓中，一块画像石上雕刻了墓主人接受拜谒的场面。其中墓主人坐在一个两扇围屏的榻上，而其后就有一个安置着手戟的兰锜（图二），说明手戟作为日常防身的武器，常放置在便于主人取拿的地方。[3]

同时，在表现复仇刺杀场景的画像石上也经常出现手戟形象。

山东嘉祥武氏祠始建于东汉末年桓、灵时期，保存有中国最大、最完整的汉画像石群，其前、后石室有两幅行刺复仇图中出现了手戟的形象。画面内容基本一致，表现的是复仇者手持钩镶、手戟或环

图一　武库画像石

图二　孙嵩墓中的手戟形象

[1] （宋）李昉等撰：《太平御览·兵部八十四》，中华书局，1960 年，第 1623 页。

[2] 山东省沂南汉墓博物馆：《山东沂南汉墓画像石》，西泠印社，2003 年，第 41 页。

[3] 中国画像石全集编委会：《中国美术分类全集·中国画像石全集·山东汉画像石》，山东美术出版社，2006 年，第 129 页。

图三　武氏祠"前石室六"画像石

图四　武氏祠"后石室七"画像石

首刀，前后围堵被刺者，先将被刺者从桥上打落至水中，再由船上的行刺者在水面将其击杀，场面激烈紧张，生动演绎了短兵相接的战斗场景（图三、四）。[1]

东汉初期所建的山东长清孝堂山石祠是中国现存最早的地面房屋建筑，复仇刺杀画像在其三角梁西面。行刺者兵器以长戟为主，但有一人拿手戟立于马车之后，作近战搏斗之势（图五）。[2]

2008～2009年发掘的河南安阳西高穴曹操高陵，其手戟形象则更为丰富[3]。这块画像石

图五　长清孝堂山石祠画像石 [4]

［1］　叶又新、蒋英炬：《武氏祠"水陆攻战"图新释》，《文史哲》1986年第3期，第64页。

［2］　罗哲文：《孝堂山郭氏墓石祠》，《文物》1961年第Z1期，第44页。

［3］　河南省文物考古研究院：《曹操高陵》，中国社会科学出版社，2016年，第21页。

［4］　唐际根、钟雯：《曹操墓出土〈七女复仇〉画像石解读》，《美成在久》2020年第4期，第43页。

宽 1.28、高 0.71、厚约 0.11 米，画面分上下两个部分，人物众多，场面复杂。有专家认为占三分之二的画面为"七女复仇"，讲述的是七名女子为父报仇，行刺咸阳令的故事。在这个场景中共出现了四把手戟，其形象有手戟与盾、手戟与钩镶、纯持手戟三种（图六、七），不仅数量较东汉时期画像石中增加，而且使用方式也出现多样化的趋势。

此外，江苏徐州汉画像石艺术馆收藏的若干武库和兰锜画像石中，不乏手戟的身影（图八、九）。

从目前画像石上的形象可见，手戟属于戟类兵器的一种，相较长戟，去掉了手持的长柲，只保留了戟头部分，同时与汉晋时期盛行的"卜"字形戟不同，手戟的枝垂直于戟刺，呈"卜"形。

（二）历史文献中的手戟形象

汉末三国时期烽烟四起，群雄割据，常年的战争促进了兵器发展演化，创造了一个乱世出好刃的时代，在这种背景下涌现了一大批善使戟的高手，因此在正史中关于"手戟"记载最多的便是《三国志》，具体如下：

图六　曹操高陵出土画像石

图八　武库画像石

图七　曹操高陵画像石摹本[1]

图九　兰锜画像石

[1] 河南省文物考古研究院：《曹操高陵》，中国社会科学出版社，2016 年，第 235 页。

1. 卓自以遇人无礼，恐人谋己，行止常以布自卫。然（董）卓性刚而褊，忿不思难，（吕布）尝小失意，（董）卓拔手戟掷之。布拳捷避之，为卓顾谢，卓意亦解。[1]

2. 太祖尝私入中常侍张让室，让觉之，（曹操）乃舞手戟于庭，踰垣而出。才武绝人，莫之能害。[2]

3. 初，先主之败，有人言云已北去者，先主以手戟擿之曰："子龙不弃我走也。"[3]

4. （孙）策自讨（严白）虎，（严白）虎高垒坚守，使其弟（严白）舆请和。许之。（严白）舆请独与（孙）策会面约……（孙）策知其无能也，乃以手戟投之，立死。（严白）舆有勇力，（严白）虎众以其死也，甚惧。[4]

5. 时（太史慈）独与一骑卒遇（孙）策，（孙）策从骑十三，皆韩当、宋谦、黄盖辈也。（太史）慈便前斗，正与（孙）策对。（孙）策刺（太史）慈马，而揽得（太史）慈项上手戟，（太史）慈亦得（孙）策兜鍪。[5]

6. 太祖讨吕布于濮阳……贼弓弩乱发，矢至如雨……（典）韦手持十余戟，大呼起，所抵无不应手倒者，布众退。[6]

7. 凌统怨（甘）宁杀其父凌（操）……尝于吕蒙舍会，酒酣，凌（统）乃以刀舞。（甘）宁起曰："宁能双戟舞。"[7]

8. （吴范）乃髡头自缚诣门下，使铃下以闻……铃下曰："诺。"乃排合入。言未卒，（孙）权大怒，欲便投以戟。[8]

9. （孙）权将如吴，亲乘马射虎于庱亭。马为虎所伤，（孙）权投以双戟，虎却废，常从张世击以戈，获之。[9]

10. 始，（吕）布因登求徐州牧，（陈）登还，（吕）布怒，拔戟斫几曰："卿父劝吾协同曹公，绝婚公路。今吾所求无一获，而卿父子并显重，为卿所卖耳。卿为吾言，其说云何？"[10]

从这些记载来看，曹操、孙策、孙权、刘备等都是善用手戟的好手，说明手戟是一种普遍使用的兵器，同时在具体使用中，手戟除了具备长戟的刺、啄、割等基本功能，还增加了可投掷的属性。

二、手戟的背景及特点

"手戟"一词在东汉之前不见于史料记载，但是汉末三国时期，史书中大量出现这一兵器，

---

[1] （晋）陈寿：《三国志·魏书·吕布传》，中华书局，1982年，第219页。

[2] （晋）陈寿：《三国志·魏书·武帝纪》，中华书局，1982年，第3页。

[3] （晋）陈寿：《三国志·蜀书·赵云传》，中华书局，1982年，第949页。

[4] （晋）陈寿：《三国志·吴书·孙策传》，中华书局，1982年，第1105页。

[5] （晋）陈寿：《三国志·吴书·太史慈传》，中华书局，1982年，第1188页。

[6] （晋）陈寿：《三国志·魏书·典韦传》，中华书局，1982年，第544页。

[7] （晋）陈寿：《三国志·吴书·甘宁传》，中华书局，1982年，第1295页。

[8] （晋）陈寿：《三国志·吴书·吴范传》，中华书局，1982年，第1423页。

[9] （晋）陈寿：《三国志·吴书·吴主传》，中华书局，1982年，第1120页。

[10] （晋）陈寿：《三国志·魏书·吕布传》，中华书局，1982年，第225页。

图一〇 嘉峪关魏晋墓屯营图

图一一 曹操墓出土"魏武王常所用挌虎大戟"石牌

这主要是承秦汉以来用戟的传统。春秋战国乃至秦汉，戟都是军队中大规模装备的主战兵器，这种"戈""矛"合一的武器不仅功能多样，钩、啄、刺都能达到伤害的目的，而且不论在车战或骑兵的兵阵中，都可以适应战场的需要。在嘉峪关新城魏晋三号墓[1]前室南壁东侧有一幅《屯营图》，表现了魏晋时期河西地区的设防和驻军情况，在壁画中间的帐篷中，将军正襟危坐，四周环绕着士兵的小帐，这些小帐外遍立长戟和盾（图一〇）。在河南安阳西高穴曹操高陵中出土了数量众多的圭形石牌，其中一块刻有"魏武王常所用挌虎大戟"（图一一），说明戟也是曹操经常使用的重要兵器，于战争和狩猎中都普遍使用。因此，在长戟普遍列装军队的背景下，戟类兵器出现多种分型，去掉长柲、使用更加便捷的手戟便成为其中一种。

从《三国志》诸多记载中，我们不难发现，手戟在实际使用中具有以下几个特点：

1. 手戟使用方便，杀伤力强，甚至可以达到一击致命的效果。孙策杀严白虎之弟严白舆时，言语不和之间，便从兰锜上取过手戟投掷而去，严白舆即死于座上。河南安阳曹操高陵"七女复仇"画像石，画面中有四名女子手持手戟，面对士兵的围攻，毫无惧色，勇敢搏斗。说明手戟不仅伤害性强，而且使用方便，即使女子也可以挥舞自如。

另外，手戟由于尺寸较小，便于藏匿、携带，故在当时成为暗杀行刺利器之一。魏晋时期武艺高强的人常"身备三仗"，据史料记载，太史慈"猿臂善射，弦不虚发"，武艺十分高强，即便如此，与孙策酣战时，身后也背着既可当暗器，又可防身的手戟。曹操也曾以手戟行刺杀之事，《三国志》记载曹操为行刺中常侍张让，翻身跃入他卧房之内，欲趁他熟睡时刺杀，但被张让发觉，派人围捕，于是曹操挥舞着手戟让卫士无法近身，直退到墙垣边时，翻墙而逃。

2. 手戟常被放置在兰锜之上，既为取拿使用，又可增加威仪。"兰锜"即放置兵器的架子，起源于西周的列戟制度，最初只是作为一种地位和身份的象征，但到了东汉时期，随着豪强世族势力的发展，部曲私兵增多，兰锜已不再有往日的辉煌，逐渐普及，东汉张衡《西京赋》中提到"木

---

[1] 嘉峪关市文物清理小组：《嘉峪关汉画像砖墓》，《文物》1972年第12期，第27页；胡之：《甘肃嘉峪关魏晋三号墓彩绘砖》，重庆出版社，2000年，第8页。

衣绨锦，士被朱紫。武库禁兵，设在兰锜。"

　　至魏晋时期，兰锜已成为权势之人的家居常设，西晋左思在《三都赋》中描述"陈兵而归，兰锜内设。""附以兰锜，宿以禁兵。"其一方面依然是作为地位的象征，另一方面也是陈列主人常用兵器，便于随时取拿使用。《三国志》中数次关于手戟的记载就是如此，如刘备掷部下、孙策掷严白舆、董卓掷吕布、吕布拔戟斫几等。

　　3. 手戟亦兵亦舞，也是一种舞蹈用兵器。以兵器起舞，称为"武舞"，是古代武术与舞蹈结合的一种表演形式，最早起源于西周，据《史记》载："《五行舞》本周《武舞》，秦始皇更名《五行舞》……《五行》即《武舞》，执干戚而衣有五行之色也。"[1] 最为出名的"武舞"就是我们所熟知的鸿门宴上"项庄舞剑"，《史记·项羽本纪》记载："（项庄）曰：'君王与沛公饮，军中无以为乐，请以剑舞。'……项庄拔剑起舞，项伯亦拔剑起舞。"[2] 至三国时期"武舞"较为普及，大规模的宴会二常以"武舞"助兴，来达到宴会欢愉的效果。《三国志》记载凌统与甘宁有杀父之仇，于是欲趁宴席借舞杀甘宁，但是甘宁已有准备，以"能双戟舞"和凌统在宴会上对舞，于是就出现了刀、戟双舞的画面。此处的戟不会是战场上所用长戟，必是短小方便的手戟。

　　4. 手戟独有的投掷属性。手戟与其他戟类兵器最大的不同，便是手戟兼有投掷功能。如上文所录，在《三国志》中10处关于手戟的记载，其中6次的使用方法都是投掷。这样一种既可近战又可投掷的武器，一旦熟练掌握和使用往往会对敌人产生巨大的威慑力，如典韦在面对吕布的围攻时，孤身持十余戟鏖战，所掷出的手戟皆毙敌，使得众人都因惧怕而不敢上前，体现了手戟强大的杀伤力和震慑力。

三、手戟消失的探讨

　　手戟出现在戟类兵器最鼎盛的时期，又快速减少乃至消失。其原因应是正处于汉末三国时期兵器的转型期，在使用功能专一化的背景下，集钩、啄、刺、割等多种用途于一体的复合兵器逐渐被淘汰，以矛、枪、刀等为代表的武器大规模普及。

　　在东汉三国时期的壁画中，我们经常可以看到以戟为代表的复合兵器的身影，步兵手持短戟及盾牌，骑兵则手持长戟，而随着西晋时期北方少数民族南下，极大地冲击了中原地区传统的战争兵器，同时随着铠甲和兜鍪的不断改进，士兵的保护性进一步增强，导致具有多重功能的戟的伤害性大大减弱。矛、枪等兵器取代了戟的地位，诸葛亮在《作钢铠教》中提到了矛的制造，"十折矛以给之"，用锻打十次的矛来装备部队，不仅反映了当时先进的制造水平，也反映了矛已在战争中具有重要的地位。同时，在《事物纪原》中也有诸葛亮造枪的记载，"时诸葛亮始以木作之，长丈二，以铁为头。《续事始》曰：'亮置苦竹枪，长二丈五尺也。'"[3] 因此，魏晋之后的考古和文献资料中，就很少见到用于实战的戟，戟渐渐只作为门戟，作为一种地位和威仪的象征，在这种戟类兵器严重退缩的背景下，手戟也不可避免地开始急剧减少。

---

[1]　（汉）司马迁：《史记·孝文本纪》，中华书局，1982年，第436页。

[2]　（汉）司马迁：《史记·项羽本纪》，中华书局，1982年，第313页。

[3]　（宋）高承：《事物纪原》，中华书局，1989年，第49页。

两汉时期步兵手持的短武器种类繁多，包括剑、环首刀、手戟、钩镶等，但魏晋时期在与游牧民族的长期战争中，逐步形成以砍杀效果和坚韧度更胜一筹的刀为主体的短兵器格局。据《太平御览》载，在蜀地有一位著名的造刀大师蒲元，诸葛亮命他在斜谷铸造三千把刀，"镕金造器，特异常法。刀成，自言：'汉水钝弱，不任淬用；蜀江爽烈，是谓大金之元精，天分其野。'乃命人于成都取江水。君以淬刀，言'杂涪水，不可用。'取水者犹悍言不杂。君以刀画水云：'杂八升，何故言否？'取水者方叩头首伏，云：'实于涪津渡负倒覆水，惧怖，遂以涪水八升益之。'于是咸共惊服，称为神妙。"说明当时淬火造刀的技术已经达到了很高的水平。吴国的孙权也十分重视刀的冶炼，《刀剑录》载：孙权于"黄武五年采武昌山铜铁作十口剑、万口刀，各长三尺九寸。"《古今注·舆服》更记载孙权对刀的喜爱，"吴大皇帝有宝刀三……刀一曰百链，二曰青犊，三曰漏景。"[1]魏武帝曹操也曾延请名师花三年时间，造"百辟刀"五把，分别镌刻龙、虎、熊、马、雀花纹作为标志，除曹操自己留用两把，其余三把分别赠给曹丕、曹植及饶阳侯。曹植为此写了一篇《宝刀赋》，称赞这五把宝刀"陆斩犀革，水断龙舟，轻击浮截，刃不渐流。"锋利程度"踰南越之巨阙，超有楚之泰阿。"

因此三国之后，手戟逐步退出实战领域，文献中也只存有零星记载。《太平广记》中载："（东晋）太元元年，（刘广雅）为京府佐。被使还，路经竹里亭。多虎。刘防卫甚至，牛马系于前，手戟布于地。"[2]但同时手戟逐渐演变为一种身份的象征，代表着佩戴者的地位。如"（东晋）成帝咸和元年四月乙丑，诏曰作琅琊王大车斧六十枚，侍臣剑八枚，将军手戟四枚。"[3]手戟最后一次在正史出现是《宋史》所载，苏轼在颍州时命汝阴尉李直方剿灭盗贼尹遇，"（李直方）乃缉知盗所，分捕其党与，手戟刺遇，获之。"[4]宋朝之后，乃绝于史迹。

[1] （晋）崔豹：《古今注·舆服第一》，中华书局，1985年，第6页。

[2] （宋）李昉：《太平广记·虎一》，中华书局，1961年，第3469页。

[3] （宋）李昉等撰：《太平御览·兵部七十》，中华书局，1960年，第1554页。

[4] （元）脱脱：《宋史·列传·苏轼传》，中华书局，1985年，第10814页。

POSTSCRIPT

Chinese sports culture, with its long history, is extensive and profound. On the occasion of Chengdu holding the 18th World Police and Firefighters Games and Chengdu Marathon in 2019, Chengdu Wuhou Shrine Museum launched the exhibition of "Martial Arts and Leisure Games—Sports Cultural Relics from the Han, the Three Kingdoms Period and the Jin" in collaboration with Henan Museum, Sichuan Museum, Nanjing Museum Administration and Chengdu Sport University Museum. It was held in the temporary exhibition hall of Lvyuxuan from July 31 to October 31, 2019. This event was Episode III of the "Tangible Culture Exhibition of the Han, the Three Kingdoms Period and the Jin dynasty" by Chengdu Wuhou Shrine Museum. By studying and displaying the sports activities in the Han, the Jin and the Three Kingdoms period, it not only provided a cultural foundation to build Chengdu into a "world-famous sports city", but also enabled visitors to better understand ancient sports, further enhance their confidence in the nation's rich culture and appreciate the long history and diverse forms of ancient Chinese sports.

The curatorial team spent more than a year planning the exhibition, from cherry picking the most exquisite cultural relics to collecting and sorting documents, from piecing together the backstories to building a framework for the exhibition, from creating the best lighting and multimedia to studying the latest research results and archaeological discoveries. All efforts were paid off as the exhibition had been well received since its launch. Great exhibits in diverse forms, novel ways of displaying and remarkable regional characteristics all contributed to the success of this three-month exhibition. The total number of visitors reached 1.25 million. Both online and offline media covered the exhibition in great length, causing a sensation in society.

During the exhibition, the curatorial team began to compile the catalog book, *Martial Arts and Leisure Games—Sports Cultural Relics from the Han, the Three Kingdoms Period and the Jin*. It mainly introduces the exhibits, complemented with background information and highlight interpretations, in a bid to help readers expand their knowledge on sports activities and have a deeper understanding of sports culture in that time period. There may be deficiencies in the catalog as it's compiled in a rush. We're open to corrections and suggestions.

Our appreciation goes out to Henan Museum, Sichuan Museum, Nanjing Museum Administration, and Chengdu Sport University Museum for loaning their wonderful collections to this exhibition. We also sincerely thank all organizations and individuals who have paid attention to and participated in the exhibition preparation and catalog publication. We cannot make it without your support!

后记

　　中华体育文化源远流长，博大精深。适逢 2019 年成都市举办"第十八届世界警察和消防员运动会"和"成都马拉松比赛"之际，成都武侯祠博物馆特联合河南博物院、四川博物院、南京市博物总馆、成都体育学院博物馆推出"武·戏——汉晋三国体育文物展"，展览于 2019 年 7 月 31 日至 10 月 31 日在绿雨轩展厅开展。此次展览是成都武侯祠博物馆"三国撷英——三国时期物质文化系列展"之三，通过对汉晋三国时期体育活动的梳理展示，不仅为成都着力打造的"世界体育名城"提供了文化研究基础，也使观众在深入了解古代体育的同时，进一步增强民族文化自信，了解中华古代体育悠久的历史和丰富多彩的活动形式。

　　经过一年多的精心组织策划，策展团队从选择精品文物到对文献资料搜集整理、文物背后故事的解读，从对展览设计框架的搭建到对灯光、多媒体的艺术打造，再到对最新研究成果和考古发现的研读吸收，最终推出展览内容紧扣主题、展品丰富多彩、展陈形式新颖、地域特征显著的特色展。在为期三个月的展期里，参观观众累计达到 125 万人次，线上、线下媒体对该展览进行了全方位的媒体推广，取得了良好的社会效应和影响力。

　　展览期间，策展团队即开始着手图录的编写工作。《武·戏——汉晋三国体育文物展》以展出展品为基础，适当增加文物背景信息和重点解读，扩展体育活动知识面，使观众可以通过本图录对汉晋三国时期的体育文化有更加深刻的认识。由于编写时间仓促，难免有所错漏，不足之处还望各位方家予以指正。

　　本次展览得到了河南博物院、四川博物院、南京市博物总馆、成都体育学院博物馆等文博单位的大力支持，不吝奉献馆藏精品。在此，我们真诚感谢所有关注、参与展览筹备和图录出版的单位和个人，这是各位同仁通力合作的结晶！

展览实景

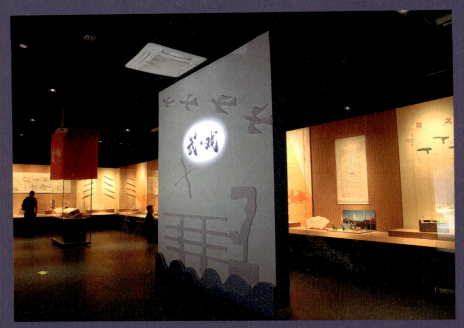